# Mulheres SOBRE RODAS

**ESTRADA REAL**

COMPREENDE SE POR
ESTRADA REAL
OS CAMINHOS OFICIAIS,
CUJOS TRAÇADOS
REMONTAM AO SÉCULO XVIII,
E SUAS VARIANTES
QUE INTERLIGAM OS
CENTROS MINERADORES
AO RIO DE JANEIRO
E SÃO PAULO.
OS VESTÍGIOS REMANESCENTES
DESSES VELHOS CAMINHOS,
JUNTAMENTE
COM OS ARTEFATOS,
AS RUÍNAS E A PAISAGEM
CONSTITUEM
TESTEMUNHOS IMPORTANTES
DA HISTÓRIA DE
MINAS GERAIS

Sonia Xavier

## Mulheres, rodas e Volkswagen.
## Uma combinação perfeita.

Foi paixão à primeira vista. Elas tinham a missão de visitar grandes cidades, estâncias turísticas, parques nacionais, praias da moda e recantos mais selvagens, sem contar vilarejos perdidos no interior do Brasil. Eles queriam ser eficientes em acompanhá-las a todos os cantos do país e aonde elas quisessem ir, encarando desde rodovias com asfalto perfeito a caminhos de terra ou trilhas esburacadas. Elas sabiam conduzi-los com delicadeza e atenção e, quando necessário, também com firmeza. Eles retribuíam com potência, conforto e velocidade na medida. E, como conseqüência dessa relação tão bem-sucedida, surgiram as histórias do livro *Mulheres sobre Rodas*. Porque elas – cinco mulheres, todas jornalistas com experiência em publicações de turismo – e eles, automóveis de vários modelos e motores, se deram muito bem. Juntos, desbravaram inúmeros roteiros pelo país e criaram outros itinerários, mostrando que mulheres e carros podem, sim, formar um par mais que perfeito.

Por essas e por outras histórias é que a Volkswagen do Brasil não poderia deixar de apoiar esse projeto. Afinal, trata-se de uma empresa que acredita não só na desenvoltura feminina ao volante, mas também nas belezas e nas riquezas do País. Quer combinação mais perfeita? Perfeita como um carro Volkswagen. Foi, portanto, graças à Volkswagen e às histórias apaixonantes daquelas garotas e seus carros que nasceu o livro que você tem em mãos.

Há narrativas sobre perseguições na estrada, pneus furados, derrapadas, estratégias para fazer caber no porta-malas os diversos quitutes e peças de artesanato adquiridos no caminho. Mas a obra traz, acima de tudo, relatos que revelam um grande prazer de dirigir pelas estradas brasileiras, lançando um olhar feminino e valente para a realidade multifacetada que encontravam pela frente. Alexandra Gonsalez, Beatriz Santomauro, Cristina Capuano, Karina Greco e Sonia Xavier já não sabem mais viver sem a liberdade que suas paixões – os automóveis – lhes proporcionaram. Afinal, está no sangue: são indiscutivelmente mulheres sobre rodas.

**Junia Nogueira de Sá**
*Diretora de Assuntos Corporativos e Imprensa*
*Volkswagen do Brasil*

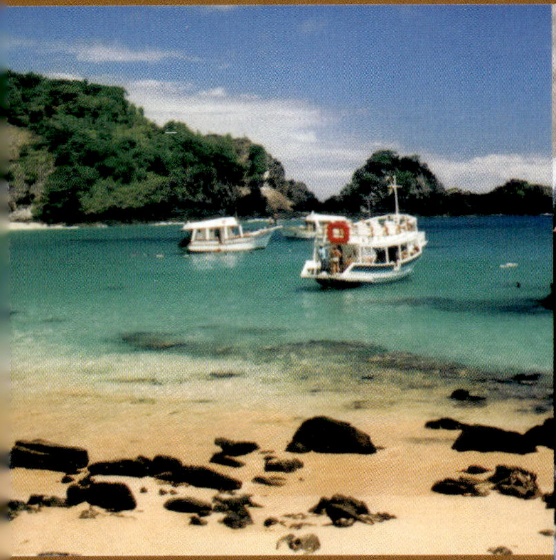
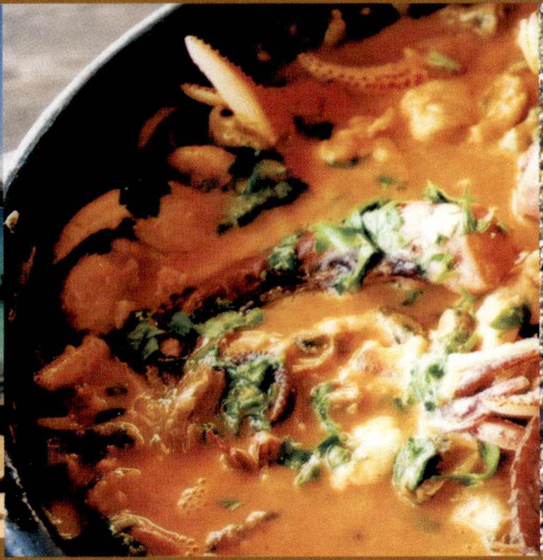
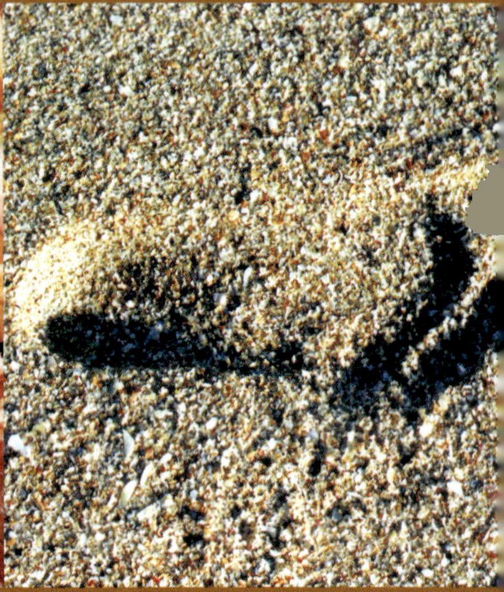

Alexandra Gonsalez
Beatriz Santomauro
Cristina Capuano
Karina Greco
Sonia Xavier

# Mulheres SOBRE RODAS

GERAÇÃO EDITORIAL

2008

**Mulheres Sobre Rodas**

Copyright ® Alexandra Gonsalez, Beatriz Santomauro, Cristina Capuano, Karina Greco, Sonia Xavier

1ª Edição - Fevereiro de 2008

Editor & Publisher
Luiz Fernando Emediato

Diretora Editorial
Fernanda Emediato

Capa e projeto gráfico
SGDesign / Sérgio Gonzalez

Edição e revisão
Maria Fernanda Vomero

Fotografia
Arquivo pessoal das autoras e Photos Banco de Imagens

**Dados Internacionais de Catalogação na Publicação (CIP)**
**(Câmara Brasileira do Livro, SP, Brasil)**

Mulheres sobre rodas / Alexandra Gonsalez...[et. al] . —
São Paulo : Geração Editorial, 2008.

Outras autoras: Beatriz Santomauro, Cristina Capuano, Karina Greco, Sonia Xavier.
ISBN 978-85-7509-165-4

1. Aventura e aventureiros 2. Brasil - Descrição e viagens 3. Mulheres jornalistas 4. Repórteres e reportagens 5. Turismo 6. Viagens - Narrativas pessoais I. Gonsalez, Alexandra. II. Santomauro, Beatriz. III. Capuano, Cristina. IV. Greco, Karina. V. Xavier, Sonia.

08-00895                    CDD-070.4493384791

Índices para catálogo sistemático:
1. Mulheres jornalistas : Viagens turísticas :
   Experiências : Reportagem 070.4493384791

Todos os direitos reservados
GERAÇÃO DE COMUNICAÇÃO INTEGRADA COMERCIAL LTDA.
Rua Major Quedinho, 111 - 20º andar
Centro - São Paulo - 01050-904
Tel: 3256-4444 / 3257-6373

Geração na Internet
www.geracaoeditorial.com.br
geracao@geracaobooks.com.br

2008
Impresso no Brasil
Printed in Brazil

*Aos pais, que vitaminaram nossas asinhas para o mundo: Alaese Gonsalez de Melo e Benedito Décio de Melo, Silvia Pohiani Santomauro e Edgar Santomauro, Edila Werneck e Paulo Capuano, Elizabeth de Souza Greco e Gilberto Greco, Francina Rosa dos Santos Xavier e Manoel Xavier dos Santos.*

*A Dílson Duques, Ricardo Castanho, Ronaldo Rodrigues e demais companheiros de trabalho, que atenderam nossas ligações em tantas madrugadas.*

*Aos maridos, que suportaram pacientemente nossas ausências durante as viagens: Alessandro Yokomizo, Arnaldo Sarasá e Emanuel França de Brito.*

*Aos familiares e amigos que nos encorajaram, acompanhando as primeiras crônicas: Antonio Campos, Carlos Manhanelli, Felipe Seibel, Fernanda Capuano, Fernando Santomauro, Juliana Greco Yamaoka, Leandro Matulja, Luciene Xavier dos Santos, Paulo Vieira, Renato Santomauro, Rodrigo Greco, Ronaldo Ribeiro, Thiago Greco.*

*Ao pequeno Daniel Sarasá, xodó de todo o grupo.*

*A São Cristóvão, protetor dos viajantes e motoristas.*

*A nossa delicada, dedicada e competente editora Mafê Vomero.*

*E, especialmente, a todos os personagens que cruzaram nossos caminhos, transformaram nossas vidas e colaboraram para que esse livro fosse escrito.*

# Índice

**As autoras** ........... 10

## 1 - País de gente legal
Os encontros com brasileiros de todas as idades e de todos os cantos do país tornaram as jornadas ainda mais incríveis. ........... 13

## 2 - Amigo bicho
No meio do caminho, havia sempre um cão feroz, uma perereca intrusa ou uma legião de insetos petulantes. Além de um grande susto, claro. ........... 23

## 3 - Sobrevivência na estrada
Derrapadas, gasolina no limite, perseguição em estradas desertas e pneus furados nos lugares mais ermos. O combustível essencial, no fim das contas, foi a adrenalina. ........... 33

## 4 - Coisa de mulherzinha
Quando não era a busca desesperada por uma depiladora maravilhosa ou um creme de efeitos milagrosos, batia forte a vontade de conferir a novelinha diária. ........... 43

## 5 - Comer é preciso
As experiências gastronômicas das viagens valeram cada quilo em excesso acusado pela balança. E, vez ou outra, também uma indigestão. ........... 51

## 6 - Do além
Uma imaginação fértil, apimentada por histórias verídicas ou lendas antigas, cria cenários de arrepiar e até dá vida a personagens sobrenaturais.

61

## 7 - Solidão amiga do peito
Após longos dias sem companhia, a solidão se faz presente e traz choro e saudade.

71

## 8 - Cenários inesquecíveis
Num país pródigo em lugares cênicos, todo viajante acaba criando – e trilhando – seu próprio itinerário dos sonhos.

81

## 9 - Made in Brazil
Atrás de cada bela e criativa peça do artesanato nacional, a história de um nativo, de uma região do país e de um momento específico da jornada.

93

## 10 - Paquera e romance
Suspiros pelos maridos ou namorados que ficaram em casa. E também lembranças de amores que surgiram por causa de uma viagem.

101

## 11 - Trilha sonora e outras histórias
A canção-tema de cada jornada e algumas passagens engraçadíssimas que coloriram os trajetos pelo Brasil afora.

109

# As autoras

Por Antonio Campos

## Viajar é preciso

Contar com pessoas que gostam de viajar às vezes torna-se um doce problema. Sempre que podem, elas se mandam para qualquer lugar bem distante de casa. Mas o galho é quando partem mesmo sabendo que precisam trabalhar. Ou que é o primeiro dia no emprego novo. Alexandra Gonsalez, uma loira jovial de olhos azuis, já tinha acertado seu início como repórter. Com tudo resolvido, foi montado o planejamento de viagem contando com a presença dela nos primeiros roteiros de pesquisa. Na véspera de seu primeiro dia, recebo uma ligação. Era miss Gonsalez. "Tive um problema e não vou poder começar no dia combinado". "Por quê? O que aconteceu?", perguntei, preocupado. "É que estou em Madri", disse ela, singelamente. "Madri!?! Mas que diabos você está fazendo aí? Nós não temos guia na Espanha!", o início de compreensão tinha se transformado em fúria. Muita explicação depois, aceitei resignado um ligeiro atraso na chegada, com suas devidas compensações em trabalho extra no futuro. Um ano mais tarde, e lá veio ela novamente: "Então, consegui uma viagem para Moscou e vou precisar de uns dias..."

*Alexandra Gonsalez*

## Em busca do pão de queijo

Tem repórter que sempre gosta mais de um aspecto do trabalho que outros. Uns curtem avaliar restaurante, outros não perdem a oportunidade de fazer caminhadas extenuantes. Existem aqueles que não sossegam se não passam horas na estrada marcando quilometragem. Alguns, no entanto, não perdem por nada neste mundo um pão de queijo. Nossa pequena notável Beatriz Santomauro é a referência da turma não só para a famosa iguaria mineira, mas também por seu olhar afiado nas avaliações. Porém, o xodó da incansável Bia são os quitutes. Não há volta de viagem em que ela não venha com a indicação de um lugarzinho que serve um café com bolinhos sen-sa-cio-nal. Outro de seus *hobbies* é buscar artesanato popular e imortalizar em fotografias personagens que, com muito esforço e dedicação, ainda mantêm a tradição do trabalho manual – imagens de sofridas senhoras idosas, mas todas com um sorriso carinhoso nos lábios. Em seus devaneios, entre um pão de queijo e outro regado a cafezinho coado, sempre surge a idéia de produzir um guia de compras que mostre a riqueza cultural escondida no interior do Brasil. Quem se dispõe a ajudar esta repórter obstinada?

*Beatriz Santomauro*

\* Antonio Campos, jornalista com 22 anos de carreira, foi editor das autoras durante o período em que esteve à frente de uma importante publicação de turismo.

## Cadê a habilitação?

Escolher um repórter que vai viajar sozinho pressupõe antes de tudo que o candidato saiba dirigir. Claro que existem as exceções que confirmam a regra. Este foi o caso de Cristina Capuano, paulista de nascimento e baiana de coração. Na época, tinha 20 e poucos anos, mas já havia passado por outras publicações turísticas e tinha o desprendimento necessário para viagens. Era a candidata perfeita até a pergunta fatal: tem habilitação, certo? A resposta veio com um constrangido "não". Qualquer pessoa de bom senso teria logo agradecido a presença e partido para outro candidato, mas às vezes o feeling teima em ser mais realista do que a razão. Demos um mês para ela tirar a tal habilitação, e seu noviciado ao volante começou justamente em uma viagem. Com o acompanhamento nos primeiros dias do experiente e paciente Dílson Duques, Cris logo foi se soltando e perdendo os medos de iniciante. Ficou tão confiante que uma noite, dirigindo pela Castelo Branco, não notou uns cones colocados pela polícia rodoviária no meio da pista. Como uma praticante hábil no boliche, derrubou todos os pinos. Obviamente foi parada e, se não me engano, conseguiu escapar da multa depois de muita lábia. A aposta em sua contratação se mostrou certa e hoje ela até pilota um Fusquinha 70.

*Cristina Capuano*

## Com muita ternura

Viajar vinte e tantos dias, percorrer um sem-número de quilômetros de estradas esburacadas e visitar uma quantidade quase incontável de hotéis e restaurantes exigem muita organização do repórter. Karina Greco tinha esse rigor com o planejamento e a execução do trabalho. Era um hábito adquirido durante os anos em que ficou à frente do atendimento ao leitor, uma função que demanda disciplina no cadastramento das queixas e sugestões e na entrega periódica de relatórios. Como repórter, a rotina que ela se impunha tinha precisão germânica: roteiros cumpridos no prazo, hotéis vistoriados com retidão e restaurantes avaliados com esmero. Na volta, as pendências eram poucas. Quase nada. Mas atrás desse modo de vida espartano se escondia uma mulher que se recusava a perder um capítulo da novela (mesmo durante as viagens), que se emocionava com as belas paisagens do Pantanal, que se divertia como criança fazendo snorkel nas águas paradisíacas de Fernando de Noronha e que até encontrou tempo para achar sua alma gêmea em plena redação. E nada mais natural que fosse assim. Afinal, como diria aquele mote revolucionário, tem de ser duro, mas sem perder a ternura.

*Karina Greco*

## À base de floral

Quem conversa com Sonia Xavier pela primeira vez pode pensar: "Como alguém tão sensível tem coragem de sair sozinha por esse Brasilzão?" Afinal, ela quer salvar o planeta, faz yoga, pratica meditação e curte um floral de Bach. Mas sob aquela aparente fragilidade está escondida uma baiana arretada que, no sertão piauiense, com dois pneus furados e conduzindo um possante carro com motor 1.0, não se fez de rogada. Colocou um monte de mato entre a câmara e a borracha rasgada e assim conseguiu a forragem necessária para deixar o pneu em condições "quase ideais" para continuar rodando. Poucas vezes vi esse serzinho em apuros durante os sete anos de convivência. Contudo, nada como a primeira viagem para desequilibrar os nervos de aço. Na paradisíaca Morro de São Paulo, o equipamento de coleta de informação pifou. Resultado: dias de trabalho jogados fora. Em prantos ao telefone, ela não sabia o que fazer. Como diz o ditado, o que não tem remédio, remediado está. Assim, para elevar o moral da moça, não me restou outra saída senão falar: vá caminhar na praia. O choro se transformou em indignação para depois virar risada. E ela foi andar não só na areia como por quase todos os cantos desse país: a Paraíba é o único estado que ainda não conhece.

*Sonia Xavier*

Alexandra Gonsalez

Sonia Xavier

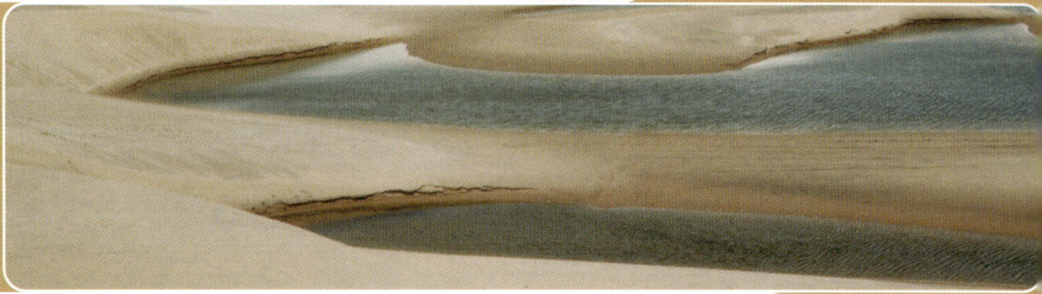

Sonia Xavier

Karina Greco

Sonia Xavier

País de gente legal

# Sozinha, mas bem-acompanhada

## Por Alexandra Gonsalez

Em todos esses anos de viagens, rodando muitas vezes por estradas ermas e visitando lugares bem esquisitos, não me lembro de haver sentido medo "do outro" – guias locais que me auxiliaram tantas vezes em trilhas solitárias, roceiros que se ofereciam gentilmente para me mostrar aquela cachoeira perdida no mapa, ou um caminhoneiro desgrenhado que me ajudava a trocar o pneu. Antes mesmo de dizer que estava a trabalho, escrevendo para uma publicação de turismo, minha fala mansa, mas segura, já desestruturava muito machão Brasil afora. A primeira impressão era ressabiada. Podia-se ler, estampado na testa da maioria: "Que raios essa moça loira e pequena está fazendo, dirigindo sozinha por aqui?" Depois das devidas explicações, o olhar mudava – e, acredite, todos, de caboclo a policial rodoviário, perguntavam por que eu dirigia solitária por determinada estradinha perdida. Rapidamente a desconfiança dava lugar ao respeito, à camaradagem e até um certo temor. Sim, mulheres independentes ainda assustam.

Nunca sofri nenhum tipo de desrespeito ou abordagem ofensiva, informação que espanta muita gente até hoje, por conta das manchetes violentas que costumam freqüentar o noticiário. Ora, também nunca dei bobeira. Procurava seguir à risca os conselhos do sábio mestre Dílson Duques, veterano jornalista de guias de turismo, que me treinou nos primeiros quilômetros longe da redação. "Jovem", dizia ele, "evite ao máximo pegar estrada à noite, não dê carona, e muita discrição e sobriedade se resolver cair no forró". Não curto ir sozinha a baladas, dei pouquíssimas caronas (a maioria para mulheres e crianças) e dificilmente viajava depois que a Lua despontava no céu. Talvez, somados, esses fatores contribuíram para manter em alta minha confiança no outro.

Mas também fui merecedora da boa fé alheia. Difícil esquecer uma mulher, que acabara de me conhecer em uma fazenda em Paraíba do Sul (RJ), mandando a filhinha pequena me servir de guia: "Pode ir, que a moça é de confiança". Precisava chegar até o distrito de Inconfidência, a cerca de 20 quilômetros da fazenda, mas as várias bifurcações de terra se revelavam bem confusas no mapa. A menina, de seus 6 anos, vestidinho de chita e chinelo surrado, não pensou duas vezes. Entrou no carro, sorriu para mim, e sem pestanejar disse: "Vamos, o caminho é por ali". Durante o curto trajeto ela ficou quietinha, com os olhos atentos no painel do veículo. Terminado o trabalho, levei-a de volta. E quem recebeu um "agradecimento" fui eu: uma perfumada goiaba, colhida numa das carregadas árvores de Inconfidência.

Bambuzal de aranhas
Ilha Grande – Rio de Janeiro

### Atalho sinistro

A única vez em que me senti insegura foi durante uma trilha em Ilha Grande (RJ). Tinha pouco tempo para percorrer de barco, e por caminhos estreitos na mata, todas as lindas praias do local. No dia anterior havia contratado um guia, que me deu o cano. Furiosa e atrasada, saí em busca de alguém que pudesse me levar. Cheguei até o Marcos, um moço simpático, baixinho e troncudo. Com seu alto astral e bom papo, deixou meu mau humor para trás. Morador da Ilha Grande desde sempre, ele me contou histórias sobre a vida dos caiçaras, muitos deles ex-presidiários remanescentes de um tempo em que o lugar foi uma colônia penal. Visitamos todas as praias, mas faltava uma, a Lopes Mendes. Mais de duas horas de caminhada depois, ali estava um dos mais belos trechos da ilha. Porém, entardecia e o caminho de volta era longo. Marcos, então, sugeriu um atalho. Tudo bem, eu só queria tomar banho, comer e dormir.

O tal atalho era através de um bambuzal bem fechado e deserto, que ganhava sombras sinistras conforme o Sol ia se pondo. Além das sombras, dezenas de aranhas peludas começaram a sair dos esconderijos. Não tenho medo de aranhas, mas ver tantas juntas, a centímetros de meu rosto, não foi uma experiência agradável. E, para piorar, não tínhamos lanterna! Andando no escuro, exausta, cercada de aranhas, confesso que me senti vulnerável. No final, tudo deu certo – o atalho foi realmente providencial e Marcos, um cavalheiro. Missão cumprida. No ano seguinte, foi a vez de Beatriz ir para Ilha Grande. Coincidentemente, ela acabou contratando o mesmo guia. Bia me contou que, quando estava no barco, o rapaz perguntou se ela não iria tirar a camiseta e tomar sol de biquíni, como fizera a repórter do ano anterior... Um cavalheiro esse Marcos, mas sem deixar de ser um típico homem.

# Personagens da infância
*Por Beatriz Santomauro*

Dos 4 aos 12 anos, passei as férias de janeiro com meus pais e irmãos em Águas de Lindóia (SP). Era sempre o mesmo hotel, o Recanto Bela Vista, sob a batuta dos mesmos donos, brincando de esconde-esconde, ouvindo histórias de terror, enrugando a pele na piscina e passeando no balneário local. Em 2003, treze anos depois de minha última estada, voltei à cidade. Sem irmãos, sem brincadeiras, tampouco em férias: com um computador nas mãos, pisei no hotel da minha infância como repórter a fim de avaliá-lo para uma publicação de turismo.

Beatriz na época em que ia, com os pais, a Águas de Lindóia – São Paulo

Deu um certo frio na barriga quando revi o prédio, a piscina, o estacionamento, o restaurante. Senti um nó na garganta ao encontrar, na recepção, o mesmo casal de proprietários com quem meus pais ficavam conversando por horas a fio. Certamente eram eles, mas visivelmente envelhecidos, com rugas e cabelos brancos. E o que parecia impossível aconteceu: eles me reconheceram! Comecei a gaguejar. Estava ali a trabalho, como jornalista, mas – sim! – eu era "aquela menininha".

Durante o passeio pelo hotel, foi inevitável me lembrar dos lugares e das brincadeiras. Desabei a chorar. Depois de vinte dias viajando sozinha, as recordações da infância me invadiram com força. O computador foi para a bolsa e o lencinho ficou encharcado. Morri de vergonha, pois soluçava de tanto choro. Os dois me olhavam com carinho, sem entender bem o que eu sentia. "Era tão bonitinho ver você e seus irmãos de mãos dadas com seus pais...", diziam. Mais lágrimas jorraram. Embora com os olhos inchados e a voz embargada, continuei a visita ao hotel. Foi difícil, mas prestei atenção à estrutura do lugar e aos serviços oferecidos para avaliá-lo não só com o coração.

Outra volta à infância foi na praia de Guarda do Embaú, no 25º dia de uma longa viagem por Santa Catarina, ao sul de Florianópolis. Nada mal: rio refrescante, dunas à beira-mar, pouco movimento e a pousada do modelo Paulo Zulu para visitar. Depois das apresentações de praxe ao interfone – "Beatriz, repórter que veio conhecer o hotel" –, coloquei o carro na garagem e segui até a recepção. Achei que pudesse ter alguma chance de conhecer o digníssimo proprietário, mas encontrei apenas uma jovem atrás do balcão. Observei bem seu rosto e desconfiei que a conhecesse de algum lugar. Perguntei o nome e confirmei: era a Giuliana, que havia estudado comigo quando estávamos com 8 anos e de quem nunca mais tinha tido notícias. Ela abandonara a carreira de economista para trabalhar de bermuda e chinelo bem perto da praia. Atualizamos os relatos de nossas vidas, as fofocas dos antigos amigos, lembramos brincadeiras da escola, comentamos nossa "fase adulta". No dia seguinte, passeamos cedinho na praia e trocamos e-mails. Depois, peguei a estrada. Na última vez em que nos falamos, ela ainda estava por lá, lidando com o belo chefe e hóspedes diversos, entre a recepção da pousada e as ondas do mar.

### Comandante arretada

Além de reencontrar figuras do meu passado, conheci também novos personagens que me impressionaram bastante. Leneide, ou Perêa (que significa companheira), foi um deles. Nascida em Catolé do Rocha, sertão paraibano, jeitão despachado e sotaque arretado, Perêa comanda com carisma um batalhão de pessoas em seus dois restaurantes, ambos de nome Mangai: um em João Pessoa (PB) e a filial em Natal (RN). A decoração é charmosa: mesas com grandes bancos de madeira, toalhas de chita e sinos – como aqueles usados no pescoço das cabras – para chamar o garçom. No paraibano, o bufê tem 60 opções de pratos servidos entre 12 e 22 horas, e outras opções do cardápio ficam disponíveis desde às 7 da manhã. O capricho e o bom gosto parecem ser notados: está sempre lotado, tanto por turistas quanto por moradores da cidade. Na filial, os números também são grandes: cerca de cem funcionários e uns 300 dias de trabalho por ano. Perêa sabe o nome de todos os seus empregados e os cumprimenta perguntando sobre o filho de um, a mãe de outro. Em retribuição, sorrisos de orelha a orelha e um serviço de primeira. Naquele calor escaldante do nordeste brasileiro, fiquei encantada com a liderança de Perêa. E, pasme, baixinha e magra, pode até passar por uma simpática dona de casa!

## Velho é o mundo
### Por Cristina Capuano

Mãos ásperas em meu ombro, José Brito, conhecido por Velho Zé, arreganha os dois dentes que lhe restam e se apresenta: "Velho é o mundo, filha. Eu sou é moço usado". Tem mais de 70, talvez 80 anos, pois identidade de caiçara a gente não conhece pela certidão. Sustenta com leveza o corpo pequeno e esguio. A pele é enrugada, curada pelo Sol. Traz consigo o chapéu, o jegue e uma carteira surrada de cigarro paraguaio: os três habituais companheiros das travessias solitárias pelo deserto. Fala pouco, o Zé. Prefere caminhar.

Era, então, o único capaz de conduzir forasteiros até Queimada dos Britos, um povoado perdido no belo cenário dos Lençóis Maranhenses (MA) que fica a cerca de quatro horas de caminhada, por dunas, a partir do vilarejo mais próximo, Sucuruju. Queimada dos Britos é um oásis. Os moradores, no entanto, preferem chamá-lo de ilha. É exatamente o contrário: uma porção de água cercada de areia por todos os lados. Ou pouco mais de dez casas construídas em volta de uma lagoa que nunca seca.

Velho Zé caminha com agilidade. Quanto a mim, procuro um ponto de referência naquele caminho alucinante: um pé de caju-mirim, uma lagoa mais azul, um galho retorcido. Zé sorri do esforço. Enquanto olho para os lados, o guia olha para frente. Sempre em frente: "Não tem

Lençóis Maranhenses
Maranhão

caminho. Com o vento, as dunas mudam de lugar". O nativo pára no alto da duna mais alta. Fuma o que resta da bagana do cigarro. E então aperta a vista, aprofundando o olhar. Tento acompanhar a visão. Mas os olhos cansados do Velho Zé vão além do abismo que se apresenta diante de nós. O vento refresca o corpo atordoado pela caminhada sob o Sol. Zé abre os braços, como quem voa. "É o vento, percebe? É ele quem guia."

O céu anuncia o azulado da noite quando chegamos ao povoado. Das portas saíam primos, sobrinhos, esposa. Uma grande família, silenciosa e carismática como Zé Brito. "Fazia mais de mês que não aparecia por aqui, filha." As crianças circundam o cesto amarrado no lombo do jegue, na esperança de que um doce caia. Mas o que sai é sabão, querosene, café e cachaça. A mulher fritou o peixe salgado. "Lagoa rasa fica sem peixe, filha, outro só ano que vem."

O cheiro forte da lamparina se espalha pela casa de taipa. O único cômodo agora é ocupado pelas redes, suficientes para acomodar a família de quatro filhos e cinco netos. Do lado de fora, a mulher fala da vida em Queimada. Dinheiro é pouco, às vezes falta comida, mas tudo segue nos conformes. Velho Zé prefere observar a Lua, ele que a admira tanto. A mulher sorri, me vendo cansada. O guia passa a mão no meu rosto e aninha a cabeça em seu peito magro. E então, o silêncio. O acolhimento: "Escolhi a rede mais bonita para você, filha".

O primeiro brilho da manhã doura o mundo de areia dos Britos. O café é ralo, a conversa é pouca: "O dia logo é alto, filha, e o Sol acaba por castigar". Tento expressar como me sentia privilegiada por estar ali. Queria mostrar àquele caiçara que eu mal conhecia como sua gentileza me emocionava. Não consegui expressar nada, além de um longo e terno abraço. Zé Brito, com aquele sorriso que por muitos anos ficaria impresso em minha memória, diz debochado: "Já sabe o caminho?"

Nunca mais esqueci o conselho do Velho Zé. Desde então, quando o trajeto é duvidoso, sigo o vento.

## O guia que falava tailandês
*Por Karina Greco*

Na Amazônia, de navio. Por quatro dias eu estaria nas águas do Rio Solimões. Depois de vinte dias rodando pelas capitais do Norte, seguindo estradas de terra, dividindo a poeira com os caminhoneiros e me alimentando com bastante peixe (santa dieta!), teria a oportunidade de dar uma desacelerada no ritmo de trabalho ao mesmo tempo em que desbravaria uma paisagem ainda desconhecida.

No porto, esperava a hora de embarcar. Ansiedade. Nunca tinha estado nesses lados do Brasil. Antes de pegar o avião para Manaus (AM), imaginar-me caminhando pela mata, em contato com os bichos da região, e viajando pelas águas amazônicas já tinha rendido um frio na barriga diário. A empolgação tomava conta de mim. Minhas pernas tremiam, em um misto de medo e vontade de começar aquela viagem logo. O Sol caía, e era hora de me despedir da terra firme.

Entrei no navio, acomodei-me na cabine. Olhando o horizonte pela sacada, encontrei um mundo diferente. Fazia muito calor, e os mosquitos começavam a invadir meu quarto, o que não me impediu de continuar apreciando aquela luz amarelada, suave, batendo na superfície do rio. Como minha cabine ficava no primeiro pavimento do navio, eu nem podia enxergar direito a cor da água, apenas o reflexo do Sol e a margem verde da paisagem limitada pelo espaço da minha pequena varanda. Mesmo assim, estava maravilhada. Era o início da aventura.

Americanos, franceses e alemães, além de uma dupla de brasileiros (mãe e filho de Marília, SP), seriam meus companheiros de viagem. Para cada grupo de estrangeiros, um guia fluente no idioma. Um morenão alto, com jeito humilde e gentil e um grande sorriso no rosto, chamou minha atenção. Tive certeza: Dionísio, o espalhafatoso guia, seria uma das grandes atrações da viagem. De família simples, nascido na própria região, fazia todos se divertirem durante os passeios. Era uma brincadeira atrás da outra. Com seu jeito desinibido, arrancava sorrisos até dos mais carrancudos.

E falava tailandês. Tailandês? Pois é. Como se não bastassem suas narrativas em francês ou italiano, por exemplo, ele também arriscava frases em idiomas inusitados. Como ele conseguia? Dionísio se gaba de ter aprendido tudo sozinho. A facilidade e a força de vontade fizeram com que se interessasse, desde criança, em estudar outras línguas. Seu trabalho como guia pela Amazônia só o ajudou a completar seu extenso vocabulário. Cada vez que aparecia um estrangeiro de um lugar diferente, ele pedia para aprender algumas palavras, algumas frases, e assim foi. Durante a viagem, os turistas alemães o solicitavam constantemente, já que Dionísio era o único a falar o idioma deles.

Dia desses conversamos por e-mail. A simplicidade continua a mesma. A preocupação com a qualidade de seu ofício também. Simpático, lembrou-se de mim, embora já tenha se passado um bom tempo desde meu passeio pelo Rio Solimões. Que memória que esse homem tem!

Com um côco de castanha-do-Brasil. Rio Solimões, Manaus – Amazonas

# Mais preciso que um GPS

*Por Sonia Xavier*

A primeira vez em que estive no Jalapão (TO) foi de férias. Eu e meu grande amigo Igor Pessoa vivemos dias inacreditáveis naquele lugar. Dormimos ao relento, contando apenas com a proteção divina e dos sacos de dormir. A sensação de estarmos a quilômetros de distância de outras pessoas era incrível. O Jalapão tem a menor densidade demográfica do país: uma pessoa por quilômetro. Em 2003, voltei para lá a trabalho. Estava emocionada em ver de novo aquele lugar que tinha me impressionado tanto. Mas o desafio era maior: como vencer o deserto em um carro com motor 1.0? Pior: se cismasse em enfrentar sozinha a estrada, quem poderia me ajudar naquele fim de mundo?

Encontrei a solução na Pousada Planalto, em Ponte Alta do Tocantins. Contei à proprietária, dona Lázara, que pretendia chegar ao município de Mateiros e, se tudo desse certo, cruzar todo o Parque Estadual do Jalapão, voltando depois para Palmas. Como ela era amiga de todo mundo por aquelas bandas, tratou de me recomendar "o mais antigo dos guias". Foi assim que conheci Seu Bonifácio, um homem doce, que conhece o lugar como poucos e tem muita história para contar. Ele teve para mim a mesma importância que um GPS para um aventureiro. A diferença é que Seu Boni não tem margem de erro. Ele é preciso.

Antes de me aventurar, decidi falar com minha família, pois ficaria uns dias sem contato. Em um orelhão na frente de um bar, contei a meu pai que atravessaria o deserto no carro mil. Quando desliguei, um senhor com chapelão na cabeça, enrolando um fumo de corda e encostado no batente do bar, me chamou:

— Minha filha, você está indo para Mateiros sozinha?

— Não, vou com um guia, Seu Bonifácio...

— Ah! Mas está viajando sozinha, não é?

— Estou sim, ou melhor, com Deus!

O homem olhou para as pessoas que estavam no bar, sorriu e voltou-se para mim:

— *Eita* mulher corajuda, hein!

Fui embora rindo, achando que era, de fato, um pouco "corajuda". No fundo, queria refazer aquela que tinha sido a melhor viagem de minha vida. Eu e Seu Boni saímos cedo. Antes de chegar a Mateiros, um pneu furou. Trocamos. Na estrada éramos ultrapassados por aventureiros em seus possantes 4X4. Mas o meu milzinho não decepcionou. Devagarzinho foi vencendo quilômetro por quilômetro (dos cerca de 600 que teríamos que enfrentar). Paramos na entrada de acesso às dunas. Era demais querer que o carrinho enfrentasse a estrada arenosa até lá. Andamos uma hora até os montes ondulados de areia alaranjada.

Dessa vez, não estávamos sozinhos. Confesso que tive um pouco de ciúmes do "meu" paraíso de férias. No lugar, que era símbolo de solidão, havia uns jovens descendo pelas dunas e gritando "u-hu!". Foi chocante. Quando voltamos para o carro, um amigo do Seu Boni nos esperava. Em sua casinha de pau-a-pique, na frente do acesso às dunas, fazia farinha e mantinha uma geladeira a gás. Lá, tomei uma cerveja gelada, saborosa e refrescante. Foi irresistível. Seguimos para Mateiros carregando um saco de farinha fresquinha, ainda morna e cheirosa.

Já era noite quando chegamos à cidade. Não havia uma única vaga nas pousadas. Eu estava conformada em passar a noite no carro, mas Seu Boni outra vez entrou em ação e convenceu uma moradora a me ceder seu quarto. Dormi com o peso de ter desalojado mãe e filhos, mas eles me garantiram que estava tudo bem. No outro dia, seguimos viagem. Por sorte, a chuva tornou possível vencer o terreno arenoso. Com a estrada compactada, meu carrinho passava sem problemas. E, quando encontrávamos um leito de um rio cortando a estrada, Seu Boni se enfiava na água para ver onde era mais raso e firme.

Nos despedimos antes de eu alcançar São Félix do Tocantins. Por alguns segundos, acompanhei, com os olhos, ele entrar por uma trilha no meio do cerrado. Seu Boni voltava para casa, feliz com o pagamento das duas diárias e carregando duas peras, um presente meu para seus netos. E eu? Ainda tinha muita estrada pela frente. Faltava atravessar o Tocantins, entrar no Maranhão, ir até o Piauí, descer para a Bahia e voltar para Brasília. Mas a primeira etapa de meu trajeto Seu Boni tinha ajudado a cumprir, com muita precisão.

Morro da Ventania
Jalapão - Tocantins

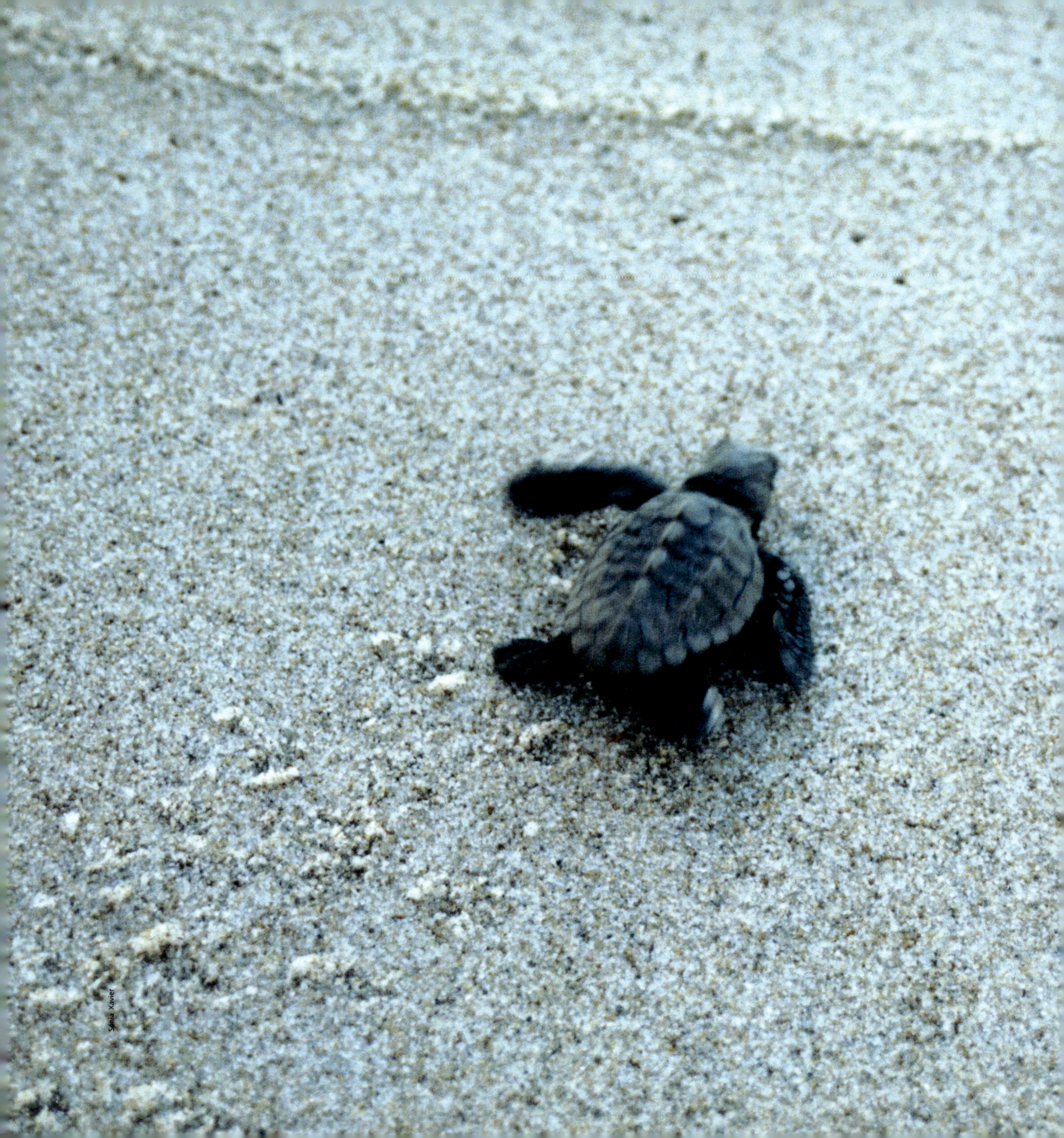
Sônia Xavier

Amigo bicho

# Simpáticos, pero no mucho

*Por Alexandra Gonsalez*

Adoro cachorros. Durante as viagens pelo Brasil, tive a oportunidade de me divertir com muitos desses amigos peludos. Abracei uma ninhada inteira de labradores num hotel fazenda em Montes Altos (MG), tive como "guia" um esperto pastor alemão em Vassouras (RJ) e diversas vezes me senti tentada a levar para casa algum filhote oferecido por donos de fazendas desse país. Em Cabo Frio (RJ), cheguei a ser perseguida por uma nervosa matilha de fox paulistinhas. Mal havia saído do carro e cinco demoniozinhos saltaram em meus tornozelos. Um deles mordiscou com força meu dedão até que a proprietária prendeu todos dizendo, com um sorriso amarelo, que eles não gostavam muito de estranhos – fato bizarro para animais que pertencem a uma pousada...

No Rio de Janeiro, na Ilha da Gigóia, fui tratada como um bibelô por uma imensa rottweiler. Eu estava grávida de três meses, mas nem sinal da barriga, e durante a visita à pousada a cadela me cercava por todos os lados. Me cheirava, lambia minhas mãos, encostava de leve a cabeçorra em minha barriga e gemia baixinho. O dono, com um sorriso, perguntou se eu estava esperando bebê. Confirmei, e ele me falou que a cachorra fazia isso com todas as grávidas que já haviam passado por lá. Algumas até comprovaram a notícia graças ao sexto sentido canino. A cadela me acompanhou a todos os cantos e, no final da visita, ficou me observando do cais até o barquinho se afastar.

Anos antes, porém, em 2000, tinha tido uma experiência digamos, bem mais emocionante, com vários rottweilers em Parati (RJ). Visitava uma pousada na parte serrana da cidade – um terreno enorme no meio da Mata Atlântica, salpicado de charmosos chalezinhos. O lugar era novo e não havia ninguém na recepção, logo na entrada. Estacionei o carro na área reservada e, de computador em punho, comecei a caminhar pela propriedade anotando tudo. Com o trabalho quase pronto, precisava falar com os donos. Subi uma trilhazinha até o final do terreno, que levava a uma residência, e no meio do caminho, quase na frente da casa, fui surpreendida por três imensos rottweilers que latiam enfurecidamente. Ainda havia mais um, acorrentado à varanda. A única coisa que pensei foi: morri. Não tinha nada a fazer. O carro estava longe, os bichos deveriam pesar o mesmo que eu, não adiantava correr. Fiquei paralisada, com os braços paralelos ao corpo, enquanto os cães se aproximavam. Já sentia as mordidas quando eles começaram a me dar fortes cabeçadas, rosnando.

Num rompante, comecei a gritar por socorro, com um fiozinho de voz e as pernas tremendo. Torturantes minutos depois, a dona da pousada sai da casa, toda sorridente, chamando pelos cães – que, nesse instante, se revelaram muito dóceis. De tão nervosa, acabei

*60 quilos de ameaçadora fofura*
*Rio de Janeiro*

na sala da mulher, tomando chá de erva-cidreira com os três rottweilers aos meus pés, fazendo festinha. Um deles se deitou no meu colo, de barriga pra cima, querendo carinho. Depois dessa experiência, nunca mais saí do carro em nenhuma pousada ou fazenda sem antes me certificar de que os cães estavam presos.

### Uma vaca na piscina

Na semana seguinte ao susto com os rottweilers, segui para Cunha (SP), uma gostosa estância climática pertinho de Parati (aliás, do alto da Pedra da Macela dá para avistar parte do litoral fluminense). Uma de minhas tarefas era testar uma pousada que estava recebendo muitas reclamações dos leitores e que corria o risco de ser excluída da relação de hospedagens turísticas caso os problemas fossem confirmados. Numa outra pousada da cidade, dirigida por um casal simpaticíssimo, comentei que passaria a noite no tal lugar. "Xi, coitada, é melhor você dormir aqui", foi o comentário que ouvi. Achei que era apenas "intriga da oposição" e segui para a hospedaria do teste à tardinha.

De fato, o ar de abandono pairava sobre o portão enferrujado, a grama sem aparar e a falta de funcionários. Registrei-me como uma hóspede comum e, como a noitinha surgia agradável, resolvi dar um mergulho. Quando indaguei ao rapaz faz-tudo do local onde ficava a piscina, ele me respondeu na maior naturalidade: "Ah, moça, não vai dar não. Faz mais de uma semana que uma vaca caiu lá e morreu afogada. Como a dona da pousada não aparece há tempos, a gente não sabia o que fazer e acabou deixando o bicho lá mesmo". Incrédula, fui averiguar a história. Uma vaca pequena boiava inchada, e algo esverdeada, num lugar que mais parecia um pântano com uma escadinha de alumínio. Voltei ao quarto me perguntando, em primeiro lugar, o motivo de tal animal ter circulado perto da piscina, e, segundo, como ninguém tinha ouvido a infeliz agonizar até a morte? Foi uma das noites mais longas da minha vida.

# Pequenos monstros
*Por Beatriz Santomauro*

Alto Paraíso, Goiás, domingo à tarde. Tinha preguiça até de bocejar. Mas precisava visitar uma pousada distante, com acesso por estrada de terra e sem uma plaquinha sequer para me ajudar a localizá-la. Quando finalmente encontrei o portão de entrada, estacionei esperando algo acontecer. Ouvi um certo movimento lá dentro, mas a porta fechada não me parecia muito convidativa. Então, buzinei. E de novo. E nada. Tive a impressão de que o marasmo havia se instalado também por lá. Porém, quando decidi sair do carro, uns cinco cachorros enormes surgiram de repente e vieram na minha direção. Levei um susto.

Sem cerimônia e balançando os longos rabos, aproveitaram a porta aberta, entraram no automóvel e subiram nos bancos. Sem qualquer intimidade com cães, eu não sabia como lidar com aqueles bichos babões, sujos de terra e cheios de amor pra dar. Comecei a ouvir vozes saindo de dentro da minha bolsa: era o celular que, sem querer, tinha sido apertado por uma das patas e fazia uma ligação interurbana e a cobrar: "Alô, alô?" Enquanto uma mão tentava desligar o aparelho, a outra – sem qualquer intenção de criar inimizades – espantava os animais do meu hábitat. Somente dez minutos depois, com a situação sob controle, já quase amiga dos animais, fui recebida pelos donos. Visitei as instalações da pousada e me mandei. Demasiado agito para um dia tão sonolento!

## Sapos, morcegos e cupins

Como uma típica moradora de São Paulo, não estou acostumada a certos bichos silvestres. Sapos são um exemplo. Mesmo sabendo que não vão morder nem matar, imagino que não seja nada agradável sentir aquela pele gelada e grudenta do anfíbio roçando a minha. Às vezes, contudo, acontece um encontro inesperado. Em Tracunhaém (PE), fiquei hospedada em uma fazenda. Éramos apenas quatro no local: eu e mais três pesquisadores americanos. Logo que entrei no quarto, com mala e cuia, um sapo saltou. Respirei fundo, não muito comovida com a recepção, e passei o olho ao redor. Outro pulava perto da cama, e mais um tentava escalar a quina da parede. Como não suportaria tal companhia, pedi ajuda. Um dos funcionários da fazenda veio até meu quarto e começou a, literalmente, caçar sapos. Pegava os bichinhos com as duas mãos e os jogava pela janela. Comecei a contar: foram 12. Doze! O difícil foi dormir pensando que algum remanescente pudesse querer dar uma puladinha...

A história do morcego me deixou mais apavorada. Estava em Caraíva, na Bahia, e faltavam 20 minutos para a luz do gerador ser desligada. Ajeitei o mosqueteiro ao redor da cama, deitei e liguei a TV. O sono foi chegando, mas percebi uma sombra na tela no mosqueteiro. Olhei bem: a tal sombra abriu as asinhas! Era um morceguinho! Em 10 segundos levantei da cama sem fazer movimentos bruscos, saí do mosqueteiro, coloquei o chinelo, abri a porta e voei escada abaixo chamando pelo rapaz que cuidava da pousada. Ele também não tinha lá tanta intimidade com morcegos, mas pegou o bichinho com as mãos e o arremessou para

Pesadelo com asinhas.

fora. A luz da pousada foi desligada um minuto depois, mas precisei acender a lanterna toda vez que ouvia um barulho diferente de ondas do mar. É que, entre o forro do quarto e o telhado, havia uma família inteira de morcegos barulhentos. O ruído e a minha falta de coragem para dormir duraram a noite inteira.

Na Ilha de Boipeba (BA), fiquei hospedada em uma pousada super rústica. Telhas aparentes, mosqueteiro, cama, banheiro e só. Um temporal caiu a noite inteira, parte dele também dentro do quarto. Um barulho diferente do da chuva chamava minha atenção. Vinha da porta de madeira que separava o quarto do banheiro: dentro dela, entre as folhas do compensado, havia ruidosos cupins. Parece inacreditável, mas conseguia ouvi-los andando e comendo desde a minha cama, a dois metros de distância! Até tentei dar soquinhos na porta, mas não consegui calá-los. Foi uma noite mal dormida e que se encerrou antes do amanhecer. Acordei às 5 horas para pegar o barco rumo ao continente. E nada de a chuva e a orquestra de cupins pararem!

# Mijada de Potó

*Por Cristina Capuano*

Após uma noite de sonhos intranqüilos, como definiria o escritor Franz Kafka, acordo em Teresina (PI) com um rastro vermelho no pescoço. Em uma linha tortuosa, o caminho rubro saía do ombro e chegava até a nuca. Entre os dois extremos, apareceram bolhas. Com a mochila pronta para a Serra da Capivara, segui para o melhor pronto-socorro da cidade.

O médico encosta dois dedos em meu pescoço e olha sem muito interesse: "Dermatite".

Estou no consultório depois de três horas de espera. Sem ar-condicionado. Uma coceira danada. Esperava uma resposta melhor. "Inflamação do quê, doutor? Sarna? Sol? Alergia à cajuína?"

O médico estica a mão até o outro lado da mesa, com a receita de uma pomada genérica entre os dedos: "Passa".

Praguejei o doutor Joelcio, o Piauí, o sistema de saúde pública e o raio-que-o-parta. Fui atrás de uma farmácia aberta em pleno feriado. Do outro lado do balcão, encontrei Dona Rosa. A senhorinha fixou o olhar no meu pescoço:

Pintura rupestre.
Serra da Capivara - Piauí

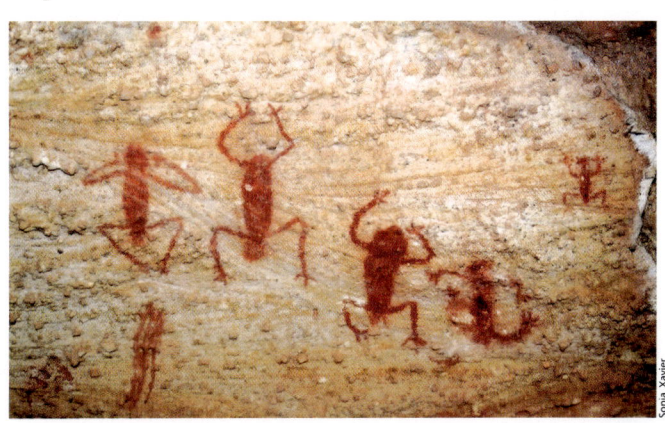

"Xiiiiiiiiiii, tá toda mijada!"

Mijada? Essa velha deve estar de brincadeira. Como assim, mijada, minha senhora? Dona Rosa suspira, lamentando a falta de conhecimento: "Você não sabe o que é potó, não é?"

Foi dessa maneira, toda mijada, que fui apresentada ao potó. Ou o inseto *Paederus irritans*, um besourinho que não mede mais de 10 milímetros e provoca queimaduras de segundo grau. Dona Rosa, a sua maneira, explica melhor: "É um besourinho safado, filha, ele passeia na gente enquanto a gente dorme. A gente bate nele, ele se assusta e mija todo".

O pior, urbana ignorância, é que não é urina. É um líquido cáustico. E o remédio, dona Rosa, qual é?

"Lava com sabão e esconde do Sol que passa."

E lá fui eu para São Raimundo Nonato (PI), cidadezinha-sede da Serra da Capivara. Durante oito dias, escondi o meu pescoço do sol e dos moradores. Não tinha jeito. Era descuidar que o guia, o dono da pousada e até a atendente do restaurante especializado em bode apontavam para o meu pescoço e gritavam, sem dó nem piedade: "Xiiiiiii, tá toda mijada..."

Se acontecer com você, siga o conselho de dona Rosa. Dá um peteleco no bicho. Que ele passa sem estrago.

# Do pavor ao amor

*Por Karina Greco*

Natureza era para mim um mistério. Paulistana e selvagem de pedra, devo confessar: sempre tive medo de qualquer bicho. Quando mais nova, costumava chamar minha prima cinco anos mais jovem para matar os insetos do quarto antes de dormir, nas temporadas em que ficávamos na chácara de meus tios. Mas, agora, estou bem mais corajosa. Pelo menos, é o que acho.

O que mais me deu trabalho nessa vida de viajante solitária talvez tenham sido mesmo os insetos. Baratas, besouros, marimbondos, abelhas... Porém, estiveram tão presentes em meu caminho que seria impossível não perder esse pavor. E os cachorros? Ah, encontrar com cachorros era sempre um martírio, especialmente quando havia vários juntos. Só que, um dia, comecei a conversar com um cão bravo, que não me deixava descer do carro para visitar uma pousada. Percebi que, aos poucos, ele se acalmava. Pronto, havia descoberto uma fórmula para lidar com os cães! Um medo a menos em minha lista negra.

AMIGO BICHO

Nas viagens que se seguiram, meu pavor foi se transformando em encantamento. Cheguei perto de tucanos e de araras; de peixes, polvos, arraias e até tubarões; de peixes-boi, botos cor-de-rosa e piranhas; e também de bichos-preguiça. Mas foi na Amazônia que aconteceu um encontro inesperado, à noite, durante um passeio pelo Rio Solimões. Subimos no pequeno barco, naquela escuridão silenciosa. Navegamos por cerca de 40 minutos até nosso guia avistar algo que ninguém conseguia enxergar. No instante em que nos aproximamos do lugar em que a "coisa" estava, o rapaz se debruçou na borda do barco. Parecia que ia pular na água quando, num movimento brusco, puxou o bicho. Era um jacaré. Um filhote, mas, ainda assim, um jacaré! O guia perguntou quem queria segurar o bicho. Achei que fosse brincadeira, dei risada. Mas todos olharam para mim, como se sugerissem que eu os salvasse do medo de serem escolhidos. Aceitei, relutante. Segurei o rabo e a barriga do jacarezinho, mas a cabeça permanecia sob responsabilidade do guia. Gelado, molhado, macio e escorregadio. Me senti criança com um brinquedo novo nas mãos.

Os animais também me proporcionaram cenas inesquecíveis. Numa estrada de terra na região do Pantanal (MS), por onde eu tinha rodado mais de trinta quilômetros em busca de uma pousada, avistei um tuiuiú parado na beira do caminho. Estacionei o carro a fim de vê-lo mais de perto e, quem sabe, tirar uma bela foto. Felizmente, assustei o bicho. Felizmente? Sim, porque dessa maneira presenciei um balé impressionante. As asas começaram a ensaiar um movimento. De repente, aquela imensa ave levantou vôo. Uma envergadura de dois metros de ponta a ponta. Um vôo pesado, com um lento bater de asas. Fiquei tão emocionada com a visão que não conseguia encontrar minha câmera para bater uma única foto. O balé ficou só na memória, mas acompanhei-o até o último minuto, no momento em que o tuiuiú me despistou, cruzando o horizonte na frente do meu carro.

Hoje, fã dos animais, sonho em fazer um safári fotográfico na África! Quem diria?

Com um jacaré do Rio Solimões no colo. Manaus – Amazonas

29

# Simba Safári gigante

*Por Sonia Xavier*

Desde pequena, sempre fui louca por animais. Quando caí na estrada, me senti em um imenso Simba Safári diante da diversidade impressionante de espécies típicas ou exclusivas do Brasil. Foram tantos os bichos que cruzaram meu caminho – uns me fizeram companhia, outros me encantaram e houve os que me pregaram sustos.

Em Itaúnas (ES), em 2002, resolvi percorrer algumas praias a pé. Ao começar a caminhada, notei que estava sendo seguida. Era um ser meio tímido, meio cabisbaixo. Eu parava e olhava, ele disfarçava. Eu andava e lá vinha ele. Engraçadinho! Então, resolvi apertar o passo. Ele apertou também. Cachorro! Ops, era uma cachorra. Uma linda vira-lata de pêlos brancos e marrom. Comecei a rir, e ela percebeu que tinha me conquistado. Soltou-se em pulos, latidos e abanadas de rabo, um corre-e-pára animado. Como eu estava com minha câmera, não resisti e comecei a fotografá-la. Ela nem ligou, continuou brincando. Andamos juntas cerca de duas horas e, na volta, exatamente no lugar onde ela havia me encontrado, parou. Olhou para mim e latiu, como se fosse uma despedida. Fui embora já com saudade de minha acompanhante canina.

## Diversidade pantaneira

O Pantanal mato-grossense é um paraíso para quem gosta de ver bichos. Eles estão por todos os cantos. Em Poconé (MT), fiquei numa pousada simples, mas limpinha e organizada. Durante todo o dia, havia circulado pelas 118 pontes da Transpantaneira, estrada que leva até Porto Jofre, nas margens do Rio Cuiabá, comido poeira por todos os poros e admirado centenas de tuiuiús, garças e outras aves. Cansada, cheguei ao hotel sonhando com um banho quente e uma cama para dormir.

Antes de ligar o chuveiro, senti uma vontade danada de fazer xixi. Quando levantei a tampa do vaso, vi uma intrusa lá dentro: uma perereca! Fechei a tampa, pensando no que fazer e mal suportando a vontade... Tinha a opção de expulsá-la dali, mas não gostei da idéia de a perereca respingar água do vaso sanitário pelo meu quarto. E se ela fosse parar na cama e passeasse entre minhas roupas espalhadas? Não, seria demais. Olhei para a danada e disse em alto e bom som: "Vai para aquele canto que eu uso o outro". E não é que a dita entendeu? Espremeu-se em um pedacinho do vaso, eu me abaixei um pouco e fiquei aliviada, com direito a suspiro no final. Resignada, a bichinha permaneceu ali, parada, sem se mexer.

Fechei a tampa, mas não dei descarga. Ela tinha sido gentil comigo e eu precisava retribuir. Tomei meu banho e fui dormir tranqüila. No dia seguinte, acordei pensando que não havia mais jeito: precisaria dar descarga. Mas a perereca não estava mais no vaso. Deve ter descido pela água furiosa com a "ducha" que tomou...

De Poconé, voltei para Cuiabá e de lá peguei uma avião para Campo Grande (MS), onde percorreria mais algumas cidades do Pantanal Sul. Em Corumbá, fui conhecer um hotel a algumas horas de barco da cidade. A simpática recepcionista me perguntou se eu não queria conhecer o bicho de estimação do lugar. Aceitei, afinal já tinha visto tantos tuiuiús domesticados, mas não havia saciado minha vontade de fazer fotos. Mais um clique seria ótimo. Estranhei quando a mulher chamou dois funcionários para me acompanhar. "Ué, a ave deve estar enfezada", pensei. Chegamos a um pequeno lago, no qual dois caras saltaram, espiando de um lado e de outro. Permaneci ali, na margem, sem entender nada, observando o lindo cenário. Então, ouvi: "Está aqui!" Os dois homens saíam da água segurando uma sucuri! Quando planejei correr, minhas pernas falharam. Pensei em simular um desmaio, mas cadê a força? Tenho pavor de cobras. Essas nem em foto. Então, numa última tentativa, implorei: "Não tragam ela aqui, não". Os homens pararam, riram, mostraram de longe o tal do bichinho de estimação com uns 3 metros de comprimento. E ainda quiseram me convencer que ela tinha alimentação farta e era dócil. Até acreditei, mas preferi manter distância.

Companheira fotogênica em Itaúnas – Espírito Santo

Sonia Xavier

Sonia Xavier

Sonia Xavier

Karina Greco

Sonia Xavier

# 3
## Sobrevivência na estrada

# Sob a chuva e sem pneu

*Por Alexandra Gonsalez*

No verão de 2000, viajava por várias cidades do interior de São Paulo. Era minha primeira jornada como repórter de um guia de turismo. Animada, ainda me acostumava com o carro alugado, com a busca de estradas nos mapas e a descoberta de novos caminhos. Numa dessas aventuras, saindo de Barretos e indo para Ribeirão Preto, fui surpreendida por uma tempestade torrencial em meio a infindáveis plantações de cana-de-açúcar. A chuva era tão forte que o limpador pára-brisa não dava conta do recado. De um lado e do outro, só o verde das plantações, nenhuma alma por perto. Para piorar, a estradinha de pista simples era toda esburacada e o acostamento parecia coisa de ficção – existia, mas estava ocupado por fileiras extras de cana. Minha situação se complicou ainda mais quando, dirigindo a uns 15 km/h, comecei a ser ultrapassada por imensos treminhões abarrotados de cana, que me empurravam sem dó para o lado. O barulho era ensurdecedor, tanto da água que não dava trégua, quanto dos eixos dos caminhões gigantes que faziam o maior estrondo no asfalto.

Nessa mesma hora, o pesadelo da maioria das mulheres ao volante se concretizou: o pneu furou. Respirei fundo, amaldiçoei toda a indústria açucareira e saí do carro, na esperança de que algum motorista de treminhão se compadecesse. Ledo engano! Após o quinto mastodonte sobre rodas passar por mim sem dar a mínima, acabei me virando sozinha. Nunca havia trocado um pneu na vida, muito menos encharcada pela chuva e pelo barro das poças d'água que os veículos jogavam em minha direção. Mas consegui. Sim, demorou muito. Não, não ficou perfeito. Contudo, cheguei inteira a Ribeirão Preto, embora indignada com a falta de solidariedade dos caminhoneiros.

Pingos traiçoeiros.
Ribeirão Preto – São Paulo

Outro roteiro, outro carro. Dessa vez um cuja marcha ré ficava junto à primeira marcha, sendo necessário pressionar o câmbio para baixo para acioná-la. Tudo muito simples, não fosse o fato de que nunca havia dirigido um carro com ré assim. Descobri como funcionava da maneira mais idiota possível. A primeira cidade era Araras (SP), e fui direto para um restaurante. Fiz o meu trabalho, bati papo com os responsáveis, tudo em ordem. Me despedi, entrei no carro e nada de dar ré. Tentei de tudo, até que deixei a vergonha de lado e perguntei para o dono do lugar se ele sabia como fazê-la funcionar. Ele riu, mostrou como era e ainda emendou a frase: "Nossa! Como você pode ser repórter de uma publicação de turismo se não sabe nem dirigir direito?" Fiz cara de desentendida, segurei o palavrão e me mandei.

### Derrapada quase fatal

Havia chovido bastante naquela semana em que me despedi das cidades da Serra da Bocaina e me preparava para conhecer alguns cantinhos agradáveis da rodovia Rio-Santos. O ponto de intersecção entre esses pólos do roteiro seria a cidade de Cunha (SP), no alto da serra. Foi ali que comecei a ouvir sobre um trecho da RJ-165, uma estrada de terra que corta o Parque Estadual da Serra do Mar. É na descida que começa o pior trajeto: são 12 quilômetros de muitas curvas, pedras soltas e nenhum acostamento ou proteção contra a queda-livre no barranco lá embaixo. Em resumo, é uma verdadeira aventura tentar chegar até Parati, com qualquer tipo de carro, por essa estrada.

Lá pelo meio da tarde, comecei a descida bem tranqüila. Ipês coloridos para cá, macacos saltitantes para lá. Numa curva mais fechada, porém, a pista úmida foi traiçoeira. Perdi o controle do carro e fiquei meio embicada no precipício de árvores. Gelei completamente e comecei a rezar, pensando no que fazer. Depois de uns 15 minutos de tentativas frustradas para sair daquele aperto, acho que os anjos ouviram minhas preces. Finalmente consegui me mover e voltar para a estradinha sã e salva. Quando alcancei Parati, estava aos prantos, mas grata por ter chegado inteira.

# Desesperar? Jamais.
### Por Beatriz Santomauro

Dirigir sozinha pelas estradas boas de São Paulo é fácil. Complicado é seguir pelas ruins, pelos caminhos de terra, sem acostamento, com buracos, sem postos de gasolina, sem nada nas margens e com o dia escurecendo. Morria de medo de dirigir à noite – pensar que poderia ter um pneu furado ou qualquer outra pane no carro, errar o caminho, ou passar por qualquer imprevisto que não fosse iluminado pelo dia. Mas, quando dava tudo certo, me achava a "rainha da goiabada": ouvia música, observava com encanto tanto a paisagem plana quanto as araucárias descendo a serra, reparava nas pessoas com jeito e roupa diferentes, parava em postos de serviço bem simples, chegava feliz a cidades minúsculas. Me sentia uma vencedora, uma "redescobridora" do nosso país, desvendando os seus cantinhos distantes. Quando o coração apertava e os quilômetros não rendiam, me lembrava do Dílson Duques, o jornalista que acompanhava os novatos no treinamento da "reportagem na estrada" e dizia: "Desesperar jamais, jovem!" O Dílson sabe das coisas.

*Quando o retrovisor vira o melhor amigo do viajante sozinho, Serra da Canastra – Minas Gerais*

Porém, meus roteiros não me levaram apenas a desbravar rodovias nesse Brasil de dimensões continentais. Também fui parar em vários trechos desse litoral enorme e turístico. Precisava conciliar minhas obrigações profissionais e um certo espírito praiano. Ir para Ilha Grande (RJ), Ilha do Mel, Superagüi (PR), Barra Grande, Boipeba e Morro de São Paulo (BA) foi emocionante e desafiador. Nesses lugares, carros não são permitidos nem há vias asfaltadas. Todos os deslocamentos precisam ser feitos a pé em ruas de areia ou por meio de barco. Nessas horas, só a logística salva: mochila pequena, sandália confortável, saia versátil, bolsa emborrachada para agüentar os respingos de água, filtro solar e máquina fotográfica. Para chegar, sair e se locomover, os barcos são os melhores aliados.

Fui duas vezes à Ilha do Mel e me deixei inebriar por sua bela paisagem que não combina em nada com trabalho. Todo mundo parece estar de férias. E não tem graça nenhuma ser um ET – mesmo que cumpridor de seus deveres. Mas lá estava eu entre os turistas. Enquanto eles tomavam cerveja e caipirinha, davam risada, namoravam ou ficavam de bobeira, a mim restava encarar o trabalho. Fiz uma prece para São Pedro nem pensar em nos dar chuva. Seria punição demais trabalhar sob aguaceiro. Porém, ele não ouviu. Nas duas vezes em que estive na ilha, uma delas em janeiro, outra em maio, só peguei temporais. Nada mudava em meu roteiro: tinha que andar de pousada em pousada para visitar cada uma delas. Conhecer as praias e imaginá-las sem um céu tão nublado a fim de descrevê-las para o leitor. E comer em restaurantes que mal estavam funcionando. Não podia contar com barcos, já que o vento deixava o mar perigoso e os barqueiros ficavam refugiados em suas casas. Não via a hora de pegar o meu carrinho companheiro e seguir meu caminho.

Molhei todas as minhas poucas roupas, usei os guarda-chuvas até estragá-los, melequei o computador de água salgada misturada à da chuva, deixei minhas unhas do pé imundas de areia preta e, para ajudar, o cabelo esvoaçante grudava na cara. Um terror. Mas eu precisava terminar logo tudo aquilo! Naquele janeiro, ainda peguei uma febre. E foi alta, daquelas de dar calafrio, de deixar a perna bamba e o corpo mole, sem vontade para nada. Isso não se tornou empecilho para o trabalho: continuei em minha sina de ET, cruzando a ilha de cabo a rabo com computador e guarda-chuva nas mãos, acompanhada por meus próprios espirros. Lembrei-me do Dílson: "Desesperar jamais, jovem!"

# Estrada da Morte
*Por Cristina Capuano*

Meu mundo ainda era cor-de-rosa quando entrei pela primeira vez em um grande posto de gasolina. Quando digo "dentro", não é força de expressão: é dentro da cozinha do restaurante, dentro do estoque da lanchonete, embaixo dos elevadores de carga e das prateleiras de conveniência do mini-mercado. Meus pais eram donos do *Mirante da Castelo*, um posto de caminhoneiro no interior de São Paulo – que para mim, menina, era enorme. Talvez para resgatar o tempo em que eu pendurava sorvete na conta do dono do posto, me transformei em uma jornalista-caminhoneira. Ou em uma caminhoneira que, nas horas vagas, escreve um pouco.

Tirei a carteira de motorista um mês antes do diploma. Na primeira viagem, atropelei seis cones na frente de um posto policial. Um ano depois, dei perda total em uma estrada pantaneira. Casei. Separei, entre uma viagem e outra. E curei as mágoas no volante ouvindo Roberto Carlos. Foi quando eu me envolvi com ela. A pista, com suas curvas sinuosas e seus olhos de gato. Assim, sempre tive companheiros de óculos *Ray Ban* e café adocicado nas lanchonetes de estrada do meu Brasil. Mas foi no sertão pernambucano que eu aprendi a ter esperança: depois da tormenta, sempre vem um posto de gasolina.

Rodava sozinha pela principal via da região conhecida como Polígono da Maconha. Na última parada, um caminhoneiro me dera as coordenadas: "Aconteça o que acontecer, não pare. Depois das 5h da tarde, nem eu passo por lá sozinho". Eram quase 6h, estava no meio do nada e achei que podia ir um pouco mais adiante. Seguimos, eu e o Golzinho 1.0, margeados por canaviais.

Uma caminhonete acompanha o caminho solitário. Acelero para a ultrapassagem. O motorista acelera junto. No retrovisor, brilha o farol alto. Respondo com seta para a direita. Ele acelera mais – sem ultrapassar. Afundo o pé no pedal. O motorista acende e apaga o farol, em um agonizante comando: encosta. A voz do caminhoneiro ressoa: "Aconteça o que acontecer, não pare".

A perseguição teve início, sem eu ao menos saber por quê. Meu velocímetro registra 140

O posto de gasolina, a salvação em Pernambuco

km/h. Acelero mais, o carro alugado não ajuda. Volto a olhar pelo retrovisor. Em um golpe brusco, a caminhonete me atira para fora da pista. Seguro o carro com o volante, as mãos suadas, olhando agora para frente sem piscar. O carro trepidante na pista esburacada parece ter as rodas fora do chão. Pela primeira vez na vida, tive a certeza. Ia morrer.

Cada aproximação da caminhonete era acompanhada por uma investida brusca. Continuava sem entender. Estupro. Assalto. Os dois. Perdia o controle da direção, quando um posto de gasolina surgiu distante. Entrei de repente. A caminhonete seguiu pela estrada, acelerada. O frentista acompanhava, boquiaberto, a perseguição.

Peço um copo d'água e desabo. O frentista revela a identidade do motorista. Psicopata conhecido da cidade mais próxima, diz ele. Estava sendo procurado, já tinha sido internado, semana passada fez o mesmo. Eu fui obrigada a seguir adiante, as pernas trêmulas. Às vezes, sozinha, na estrada, ainda me lembro do motorista misterioso, como se nada daquilo tivesse realmente acontecido. Nunca mais soube desse homem. Nem voltei para saber.

Como diria o pára-choque de um amigo-irmão-caminhoneiro: "Se a morte for um descanso, prefiro viver cansado".

## Só com reza braba!
### Por Karina Greco

Karina em Corumbá
Mato Grosso do Sul

Minha rotina era um mês em casa, um mês pegando rodovias com carro alugado. Havia trechos de avião, contudo na maior parte do tempo, dirigia. Nos roteiros que seguia, era comum rodar por estradas de terra. Algumas delas com mais de cem quilômetros. Pequenos acidentes de percurso tornavam-se, então, inevitáveis levando em conta o tempo em que ficava viajando. Não posso negar que minhas jornadas foram tranqüilas, embora eu tenha passado por alguns momentos de sufoco.

Pantanal Sul. Eu terminava a travessia da estrada que liga Aquidauana a Corumbá (MS). A menos de quinze quilômetros do fim da estrada, já andando bem devagar por causa dos muitos e enormes pedregulhos, ao subir o último trecho de morro para chegar à estrada de asfalto novamente, fui surpreendida por uma caminhonete que me fez parar. Eram três homens, que se diziam policiais florestais. Nenhuma indicação no veículo nem no uniforme que eles usavam. Não exigiram documentos, apenas que eu descesse do carro. Tão logo saí, pediram que abrisse o porta-malas:

– O que você está levando aí? – perguntou um deles.

Mesmo achando esquisito, respondi. Abri minha mala para que verificassem. Um deles me contou que tinham receio de que os visitantes carregassem animais selvagens na bagagem. Como tudo aquilo me parecia muito estranho, afirmei que estava viajando a trabalho, que era repórter e que apenas passava pela região. Um dos homens, então, me perguntou se havia carros atrás de mim na estrada. Nesse instante, tremi de medo, pois tive a nítida impressão de que eles não eram policiais coisíssima nenhuma. Por isso, respondi que sim, que havia um carro a menos de cinco minutos de mim.

– Pode ir – me disseram, então.

Aliviada, obedeci. Fiquei com a sensação de que eu não deveria ter parado. Graças a Deus, cheguei tranqüilamente ao destino seguinte.

## Combustível no limite

Outro momento angustiante no Pantanal Sul. Sozinha e no meio do nada, quase sem gasolina, ao entardecer. Seguia tranqüilamente, saindo de uma cidade para dormir em outra, e já tinha feito meus cálculos: "Esse tanto de tanque dá para pegar a estrada de terra numa boa e chegar lá sem problema. Abasteço quando for sair amanhã de manhã". Perfeito. Mas quem poderia imaginar que, bem nesse dia, a estrada que eu havia programado percorrer estivesse interditada justamente quando cruzava esse caminho. Putz!

O desvio era mais longo que a rodovia, e a luz do painel indicando que meu combustível estava na reserva já começava a piscar. O desespero tomou conta de mim. O novo percurso era por outra estrada de terra. Como havia pouca gente passando de carro por lá, eu estava sozinha, sem saber exatamente onde teria que entrar para voltar ao caminho original lá na frente, depois do desvio. As placas, naquele meu desespero todo, pareciam totalmente confusas. Eu olhava para o painel do carro, olhava para a estrada, para o painel, para a estrada. E o pior, começava a anoitecer. Foi inevitável errar a entrada. Segui reto pela estrada de terra até seu fim. Até o fim mesmo: o caminho acabou. Voltei e, com muito custo, encontrei a bendita entrada. Até hoje não sei como não parei para chorar, desesperada. Provavelmente meu instinto me preveniu de passar a noite sozinha por ali. No fim das contas, aconteceu que eu tive muita sorte. Afinal, rezei, rezei e rezei. Consegui chegar no asfalto novamente e, andando mais um pouquinho, lá estava eu na entrada da cidade, onde havia um posto de gasolina. Já era noite. Abasteci e aproveitei para comprar duas latinhas de cerveja. Depois desse estresse todo, só assim!

Caminho final da Estrada Parque,
Corumbá – Mato Grosso do Sul

# Prova de obstáculos
## Por Sonia Xavier

Para uma mulher ganhar a estrada com independência e segurança, é preciso ter alguns cuidados. Em um carro alugado, o melhor a fazer é saber para que servem todos aqueles botõezinhos e o que significam aquelas luzes do painel e qualquer sinal sonoro que o carro possa emitir. Por isso, não me intimidava em encher de perguntas o rapaz da locadora de automóveis. E, mesmo assim, vez ou outra acabava sendo pega de surpresa.

Certa ocasião, saí confiante de uma locadora no centro de São Paulo, dirigindo uma possante Parati, motor 1.8. Havia feito todas as perguntas possíveis. Assim que abandonei o congestionamento de São Paulo e entrei na Rodovia Presidente Dutra, um apito insuportável começou a soar e me deixar alucinada. Se eu ia devagar tudo bem, mas, se acelerava, lá vinha a campainha... Era de enlouquecer. Não tive dúvidas, parei no acostamento e liguei para a locadora. O "moço da manutenção" me explicou que o carro tinha um mecanismo que controlava a velocidade. No meu caso, estava regulado para apitar assim que eu excedesse os (ameaçadores) 60 km/h. Solícito, ele me ajudou a desprogramar o apito e a viagem seguiu silenciosa. E mais rápida.

E a troca de pneu? Aprendi que aquela chave de roda engraçada tinha função e que força era muito útil, mas inteligência, melhor ainda. Para não ficar à mercê da ajuda sabe-se lá de quem, eu prefiro trocar sozinha. Em janeiro de 2003, tive minha estréia na tarefa em pleno sertão piauiense. Um pneu furou na pior rodovia em que já passei, a BR-135. Eram tantos buracos que dava para esconder meu pequeno carro dentro deles. O pneu não resistiu. Confesso que senti um certo prazer em estar em uma estrada deserta e não ter ninguém para me auxiliar. Saquei minha câmera para documentar o momento histórico e provar aos meus amigos de trabalho que mulheres também trocam pneus. Achei a tarefa simples, mas nada glamourosa e muito suja. O pior foi mover a tal chave de roda. Com a força das minhas mãos, ela nem se movimentou. Não hesitei: usei os pés. Um chute daqui, um outro dali e afrouxei todos os parafusos. Próximo passo: pegar o macaco e levantar o carro. Foi fácil. Troquei meu pneu sem muitos problemas. Porém, o que veio a seguir não estava no meu script.

Dirigi por exatos cinco quilômetros até o outro pneu furar também. Não acreditei na minha sina. Sem sinal de celular, sem cidade perto, sem casa próxima, só eu e a caatinga. A essa altura minha confiança tinha fugido correndo e eu nem sequer conseguia pensar em algo. Parar não ia adiantar, pensei. Segui mais um quilômetro e encontrei um caminhoneiro no sentido contrário, com o carro quebrado. Como ele estava com a mulher e o filho, parei para pedir ajuda. Eram 9h da manhã. Ficamos ali, mexendo nos dois carros, até às 16h. Acabou minha água, não tinha comida, o Sol me queimava, mas... que jeito? O pior era a falta de solidariedade dos poucos que passavam pela estrada. Ninguém parava a fim de nos ajudar, todos com medo de sermos bandidos de beira de estrada. Eu já estava desistindo, quando uma alma caridosa, um taxista, me alertou com o carro em movimento:

— Minha filha, para você sair daqui vai ter que colocar capim no pneu. Eu faço isso o tempo todo.

O caminhoneiro ficou tão surpreso quanto eu, mas não hesitamos. Entrei no mato com meu canivete e comecei a cortar capim. Ele soltou um pouco o pneu da roda e fomos enfiando mato lá dentro. Com o pneu recheado de capim, me despedi da família catarinense e fui. Rodei uns quatro quilômetros, até uma vila. Cheguei com o pneu cheio de buracos e fazendo um barulho danado. Parei em um bar, e os clientes se prontificaram em me ajudar. Não havia nenhum carro que agüentasse chegar à próxima cidade, mas contaram minha história para um homem de Brasília que passava uma temporada na região. Fui com ele, em seu Fusca com três estepes – é o que ele leva para não enfrentar o mesmo aperto que eu!

Rodamos até a próxima cidade. Lá um borracheiro arrumou meu primeiro pneu furado, pois o do capim não tinha jeito. Voltamos para a vila, colocamos o pneu e segui viagem. Estava quase anoitecendo, mas não queria passar a noite ali. Não por frescura, simplesmente porque não podia pensar na possibilidade de viver um repeteco no dia seguinte. Cheguei em Correntes (PI), arrebentada, suja de graxa e de terra. A dona do hotel disse que era assim que todos os hóspedes apareciam depois de passar por aquela estrada. Em minhas anotações de viagem, o seguinte comentário: "Não acredito que cheguei viva aqui... A estrada vindo de São Raimundo Nonato é terrível. Meus ossos doem, tem poeira em todo o meu corpo e o carro parece uma bola de pó. Um horror!"

Resto de pneu que rodou pela BR-135 – Piauí

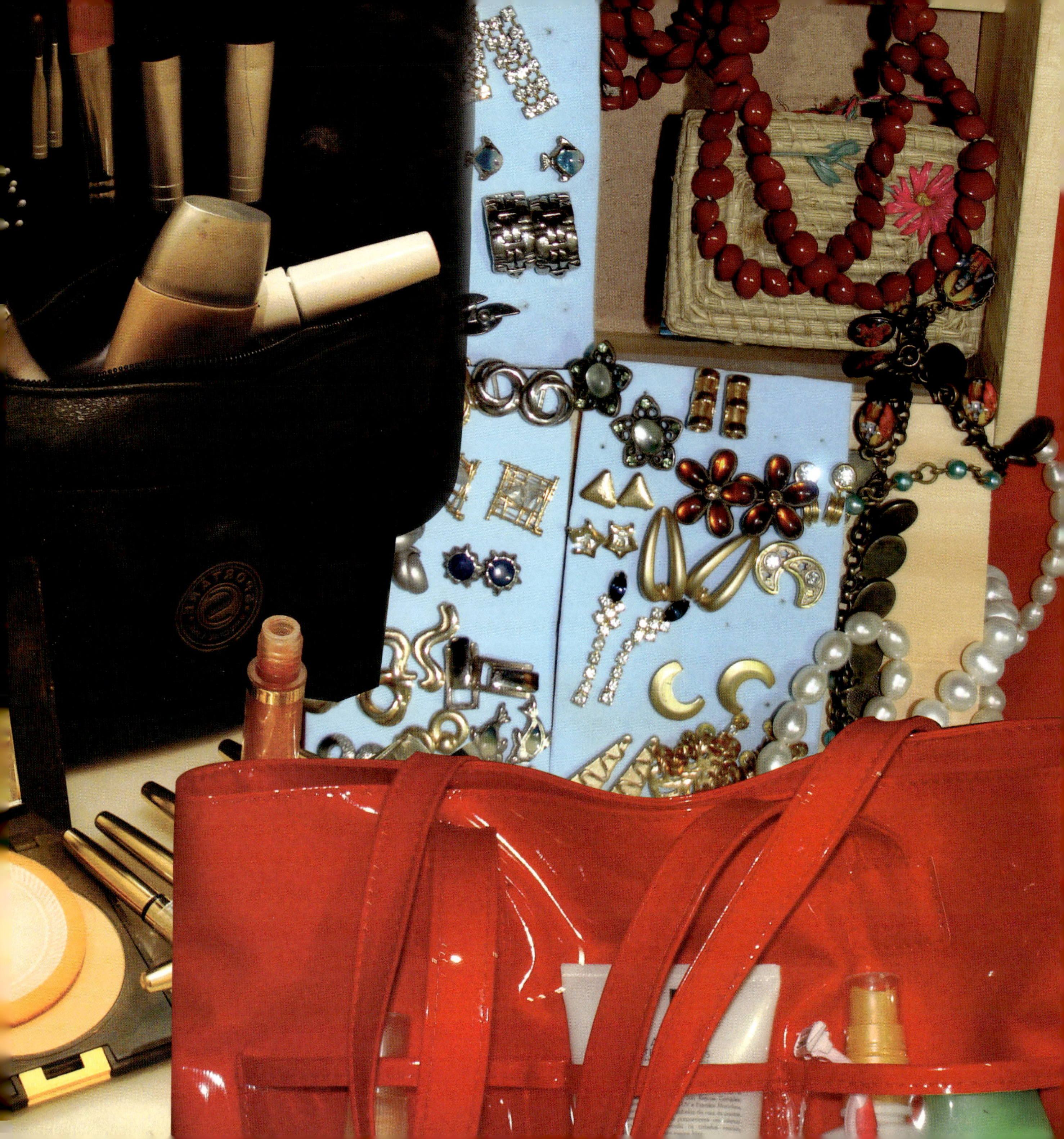

# 4
## Coisa de mulherzinha

Sonia Xavier

## Absorvente de estopa
*Por Alexandra Gonsalez*

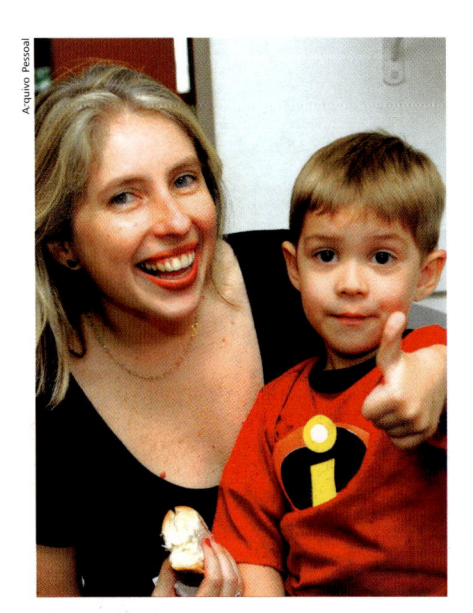

Unhas feitas semanalmente depois do nascimento do Daniel

Devo confessar que apenas após o nascimento do meu filho Daniel, em 2004, passei a me importar com pequenas mostras de vaidade, como fazer as unhas semanalmente ou qual deveria ser a hidratação ideal para meus cabelos. Penso que a maternidade exacerbou meu lado mulherzinha. Não que antes não me preocupasse com a aparência – o batom, o protetor solar, um bom hidratante e o perfume sempre estiveram na bagagem. Contudo, achava uma chatice passar horas no cabeleireiro – ainda acho, mas atualmente fico apreensiva quando as unhas estão lascadas. Por isso, durante as viagens, nunca me incomodou passar dias longe da manicure ou levar apenas roupas práticas e discretas na mala, além de uma enxuta *nécessaire*. Se por um lado morria de inveja das malas econômicas da Sônia, ria a valer de sua "*desnécessaire*", fartamente recheada de cremes, xampus, lixas, hidratantes e outros acessórios cosméticos que só figuram nas páginas de revistas femininas.

Mas aprendi a duras penas que uma coisa que nunca, jamais pode faltar numa bolsa de mulher é absorvente. A gente esquece que existe até que precisa dele desesperadamente. E não tem. Pior: não há onde comprar. Era um domingo sossegado de fevereiro, calorão de matar e eu em algum ponto entre Paracatu e Patos de Minas (MG). Senti algo estranho, parei no único posto de gasolina que havia na estradinha secundária rezando para, ao menos, ter papel higiênico no banheiro. Banheiro havia, mas do papel nem sombra. Só que o recinto parecia demais com aquele do filme *Trainspotting*, no qual o personagem de Ewan McGregor mergulha em uma privada fétida. Achei melhor não arriscar. Na "lojinha" do posto, só cabos, baterias e uma solitária estopa num pacote empoeirado. Como a coisa estava feia, por alguns segundos cheguei a pensar que a estopa resolveria meu problema, mas não, era nojento demais. Por fim, uma meia velha foi a solução até a chegada em Patos de Minas, onde quase agradeci de joelhos a compra do pacote de absorvente na única farmácia de plantão. Posso até esquecer o pente ou o esmalte, mas o dito cujo... Nunca mais!

COISA DE MULHERZINHA

# Levemente desleixada
### Por Beatriz Santomauro

Meu cabelo é independente, tem vida própria, linguagem única, personalidade marcante. Acorda como quer, passa o dia à vontade, dorme com os anjos. Eu sou a mera espectadora das suas excentricidades. Aplaudo, xingo ou ignoro suas diárias aparições, mas não tenho poder de mudá-lo. Ele é meio enrolado, meio liso. Perto do couro cabeludo é bonzinho, aos poucos vai ganhando vigor e volume, e cachos esporádicos de formatos variados ultrapassam um pouco a linha do ombro.

Não tenho paciência para cabeleireiro – só vou ao salão na hora de cortar –, acho secador uma perda de tempo, e sei que pentear com escova só vai piorar a situação. Já tentei passar silicone nas pontas para abaixar a juba, numa época experimentei a mousse, e mais ou menos uma vez ao ano faço uma hidratação. São os produtos químicos com que ele já teve contato, porque não conhece luzes, permanente, tintura ou escova progressiva. Então os fios, praticamente abandonados, seguem o rumo que querem.

Por isso, eles desenvolveram um dom: o da previsão do tempo. Sentem se vai chover ou não conforme a umidade do ar. Em Brasília, alisam alucinadamente. Na praia, ficam ouriçados e enrolam muito mais. Assim, às vezes, antes mesmo de sair para um dia de trabalho, já sei se preciso carregar um guarda-chuva. Ou considerar a possibilidade de um boné, além de passar muito protetor solar.

Mas sei que quem me vê merece alguma vaidade da minha parte. Então, procuro de vez em quando prendê-lo com uma fivelinha, fazer um rabo-de-cavalo, enfim, manter uma ordem mínima no dia-a-dia. Porém, quando viajo sozinha, libero a selvagem que existe dentro de mim e mal olho como está a revolução capilar. Deixo o vento agir, o pente descansar, e me resumo a manter a limpeza da área. Quando me vejo suspirando por um cabelão bem cuidado, liso, brilhante, daí corro para a frente do espelho a fim de ver se o meu está sob controle. E agarro os bocados que cabem na minha mão, dou uma jogada pra lá e pra cá. E praticamente renovo o visual.

A praticidade também me acompanha nas opções de roupa que carrego nas viagens. Em São Paulo, procuro variar, renovar, colorir, usar acessórios, mudar a bolsa, escolher uma gracinha para chocar. Mas quando ultrapasso o limite de cem quilômetros de casa assumo a versão "vaidade mínima". Como a vida toda precisa caber numa mala de 15 quilos – ou até menos –, aprendi a simplificar. Depois de um ano de andanças observando

Beatriz: cabelo, cabeleira, cabeluda, descabelada

Karina Greco

minhas roupas se estragarem em progressão geométrica, mudei a tática. Em vez de estar levemente arrumada, optei por ficar levemente desleixada.

As roupas que vão para a mala já andam sozinhas – são desbotadas de tanto sofrerem nas lavanderias de hotel e várias carregam uma marca, uma espécie de amuleto: um fio de lã vermelho amarrado na etiqueta, que serviu de identificação quando mandei as peças para lavar em Serra Negra (SP) há quatro anos. O chinelo que me acompanha no banho pula para seu saquinho e o agasalho que combina com tudo se prepara para o ar-condicionado do avião. Para eu não me sentir tão feia e cansada de vestir sempre o mesmo figurino, separo uns colares diferentes e, mais recentemente, aderi ao batom e ao esmalte marrom. Acho que estou virando uma mulherzinha de verdade – quem sabe não começo a fazer uma escova semanalmente...

## Dias de Frida

*Por Cristina Capuano*

Depilação à moda antiga

O período antes da viagem não saiu como o planejado e eu, em Porto Seguro (BA), sentia uma falta danada da depiladora. Toda mulher xinga, geme de dor só de pensar nela, mas não vive sem essa prestadora de serviço. Entre uma puxada e outra de cera, a gente conta a vida, chora, dá risada. Quando vê, está pronta para outra praia. Porém, não havia encontrado tempo para mandar os pêlos embora antes de pegar estrada e me convenci de que uma mulher independente, auto-suficiente e libertária não tinha tempo pra essas coisas. Queimemos a cera depilatória!

Acontece que o Sol estava maravilhoso, eu viajava pela Bahia e a próxima parada seria Trancoso. Eu merecia um dia de praia! Estacionei na frente do primeiro salão de beleza que encontrei. "Moça, sua depilação é fria ou quente? É cera de mel ou de algas?" A pobre começou o trabalho, com uma cera coada. Você sabe o que é oferecer as pernas para um produto reciclado? Às favas para a ecologia, a consciência ambiental. Apavorada, fui embora.

Pior que a perna peluda é a existência – ou melhor, insistência – do bigode. E se há uma coisa que mulher não suporta, é lembrar que tem um. O horror é tanto que não pronunciamos o nome: alguém um dia acreditou que buço soaria mais simpático. A recepcionista do hotel, aquela que sabe das coisas, garantiu: a Cida era a melhor da cidade. Era simpática, essa Cida. Uma graça. Quis promovê-la ao posto de minha depiladora baiana, mas uma análise mais cuidadosa me sugeriu que ela ganharia – sem entrevista – a vaga no circo para a mulher barbada. Pois é, tinha um bigode enorme. E os pêlos nos braços, descoloridos com água oxigenada, eram longos o suficiente para um penteado rastafári. Perguntou o que eu queria fazer, sem muita cerimônia. "Perna ou decote (o que, nós, sulistas, chamamos de virilha)?" Respondo que só queria depilar o buço. "Bu... o quê, mulher de Deus?" "Nada não", respondi, com a metade do corpo para fora da maca. "Eu resolvo quando voltar para casa."

Foi quando encontrei uma farmácia incrível, dessas que só aparecem nas grandes cidades. "Cera depilatória em folhas, novidade", confidenciou a balconista. Somos mulheres independentes, auto-suficientes, e sabemos fazer o próprio bigode! Corri para o hotel, feliz da vida. Cortei minuciosamente a folhinha de celofane melecada e puxei a primeira. Puxei a segunda. Puxei a terceira. Tinha algo errado.

Foi a minha primeira viagem à Bahia de chapéu e filtro solar 50. Como todo mundo sabe, mulherzinha não tem bigode, tem buço. E o meu permaneceu uma semana queimado, vermelho e mais poderoso que o da Frida Kahlo.

# Confissão de caminhoneira

Karina Greco

Mulherzinha eu deixava de ser assim que subia no avião. Dali em diante, por um mês inteiro, eu me transformava. Como falávamos na redação, as outras repórteres e eu virávamos "caminhoneiras", trilhando estradas desconhecidas em lugares distantes. Durante as viagens, quem disse que dava tempo de me cuidar? Fiquei em poucos hotéis com salas de ginástica, mas nem nessas raras academias ao longo do caminho eu conseguia ir direito. Mesmo porque já desanimava depois de almoçar e jantar generosamente. Sabia que, na volta para casa, teria de encarar pelo menos uns três quilos a mais na balança. Então, para que sofrer?

Pé na estrada. A cada dois dias, uma cidade diferente. Bate-perna diário, de hotel em hotel, de restaurante em restaurante. Na maior parte do tempo, era tênis no pé, bermudão (pela praticidade) e uma blusinha (para não perder o estilo menina). Um batonzinho de manhã, mesmo sabendo que

Guarda-roupa básico

eu andaria por mais de três horas em estrada de terra e que até dentro do meu nariz haveria poeira quando voltasse ao hotel. Creme depois do banho e gel no cabelo (cada vez mais curto, minha sorte), apesar de sair da pousada a fim de me aventurar num rapel. Um perfume e um pretinho básico para o jantar, embora estivesse sempre sozinha. E, claro, se fosse preciso, uma boa pausa para a sessão de depilação.

Mas tenho de confessar. Dizem que é mania de mulher, porém muitos homens também gostam. Só sei que curto ver novelas. Assistia a quase todas durante as viagens, o que é impossível em São Paulo, já que o horário do trabalho não bate e o trânsito não permite. Nas viagens era fácil: saía de manhã bem cedo para adiantar o trabalho. Calculava direitinho a hora de chegar ao hotel, a hora do banho e até o momento certo de sair para jantar – e, se desse sorte, o restaurante teria uma televisão para eu não perder uma cena sequer!

Com esse deleite diário, nem me importava com a vaidade escassa e a falta de companhia durante a ceia. Afinal, ao retornar ao lar-doce-lar, retomaria o hábito da unha feita, cabelo aparado, vestidos diários e saladinha nas refeições para recuperar a silhueta. Voltaria a ser mulherzinha. O único porém: teria de me contentar com capítulos esporádicos das novelas...

# Tostada ao sol

*Por Sonia Xavier*

Perder a feminilidade não é um requisito essencial para enfrentar as agruras da estrada. Até porque quem sai por aí em busca de informações turísticas precisa lembrar que sua matéria-prima é o lazer e o prazer. Por mais que eu viva em um ambiente masculino, cuido para não virar um "machinho". Em minha bagagem, sempre levo a minha "*desnécessaire*" (apelido dado por um amigo ao meu kit de sobrevivência para cabelos, unhas e pele). Dentro dela, carrego itens como tipos diferentes de hidratante e tintura de cabelo. Na realidade, descobri com o tempo que a solidão das viagens me deixa mais vaidosa. Eu me cuido mais nas viagens do que quando estou em casa.

Apesar de ser morena, tomo todo o cuidado com os efeitos solares: hidratação contínua e bloqueador solar sempre. Mas aprendi isso na marra. Em 2001, fui para o Raso da Catarina, entre os municípios de Paulo Afonso e Geremoado (BA). Encarei firme uma hora sacolejando na carreta puxada por um trator, debaixo de Sol e respirando a poeira fina até chegar à reserva indígena da região. Lá, caminhei mais duas horas dentro da reserva, acompanhada por meu guia Chico, um índio da tribo pankararé. Chico conhecia muito a região, me contou histórias interessantes, me mostrou as ervas da caatinga, os alucinógenos, tudo.

Eu estava feliz da vida, vendo os monumentos formados pela erosão eólica e me ambientando no sertão do Baixo São Francisco, lugar por onde Lampião e seu bando passaram. Era como se eu tivesse me tornado personagem da literatura nordestina. No final do passeio, voltamos a Paulo Afonso no trator, sacudindo até a alma. Estava tão cansada que, ao chegar ao hotel, só me preocupei em tomar banho e dormir. No outro dia, sonolenta, ao entrar no banheiro, tive um susto. Quando vi o reflexo "daquela" pessoa no espelho, por um instante pensei que houvesse um estranho no quarto. Mas era eu mesma, torrada pelo Sol. Ao tomar banho, senti minha pele arder. Os dias seguintes foram de noites mal-dormidas, e bolhas assustadoras pipocavam em minha pele. As manchas em meu braço levaram anos para sumir. Desde então, o ritual do bloqueador solar é sagrado.

Sonia, tostada após sol intenso no Raso da Catarina – Bahia

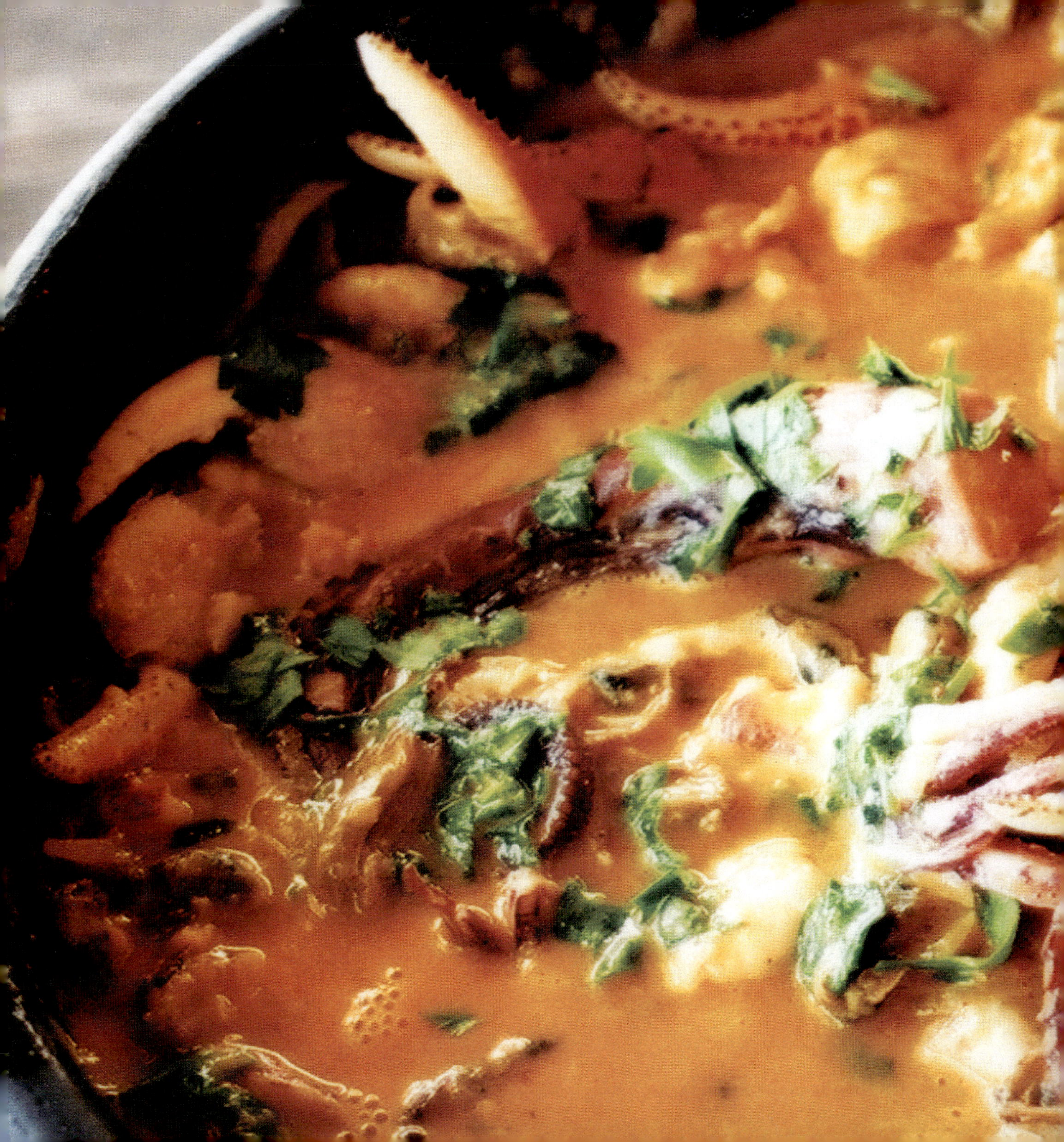

# Comer é preciso

## Delícias inesquecíveis
*por Alexandra Gonsalez*

O ano de 2003 foi particularmente especial em minha carreira. Tive o privilégio de visitar muitos restaurantes de São Paulo e do Rio de Janeiro, uma experiência gratificante em todos os sentidos (principalmente, para o paladar): pude conhecer o melhor e o pior da gastronomia de cada cidade. Fui incumbida de testar todos os restaurantes franceses paulistanos e, entre os cariocas, os franceses, italianos e portugueses. Aprendi muito sobre cozinha, ingredientes e técnicas culinárias durante as entrevistas com *chefs* incríveis como Laurent Suaudeau, Francesco Carli, Roland Villard e Flávia Quaresma. Até arrisquei preparar algumas receitas estreladas na volta para casa, além de turbinar meus acessórios de cozinha. Meu paladar ficou bastante apurado desde então.

Uma experiência marcante foi um almoço no português Antiquarius, no Rio. A posta de bacalhau de primeiríssima qualidade parecia até ter sido preparada para uma peça publicitária, de tão alta e suculenta. E os ovos nevados, então? Quando fecho os olhos, ainda sinto a leveza e o docinho discreto de uma das sobremesas mais saborosas que já provei.

Mas nem tudo foram delícias. Houve um famoso restaurante francês em São Paulo que me rendeu uma diarréia terrível, daquelas de provocar calafrios. Durante a refeição, num pomposo almoço, tudo me pareceu saboroso e fresco. Nem pedi nada de exótico, que pudesse me causar transtornos intestinais. De fato, até a hora de pagar a conta, tudo estava bem. Comecei a passar mal durante a entrevista com o *chef*. Primeiro uma leve cólica, depois o suor foi escorrendo, até que vieram os calafrios e eu já não prestava atenção em uma palavra do que o homem dizia. Pedi licença e foi bastante constrangedor me demorar no toalete além do suficiente para um xixi e retocar a maquiagem. A conversa terminou menos de cinco minutos depois que voltei à mesa. Naquele dia, fui direto para casa e fiquei mal até a manhã seguinte. Maldito lagostim!

Ataque ao grelhado de frutos do mar.
Barra de Guaratiba – Rio de Janeiro

## Acarajé quente

Se há uma comida para a qual não tenho limite é acarajé. Podem colocar dúzias na minha frente que eu os devoro com prazer. E nunca tive um piriri sequer! Entretanto, esbaldar-se com a iguaria em Salvador (BA) – na função de testadora de restaurantes – não é tarefa simples. A maioria das refeições para avaliação é formada por moquecas, um prato grande e farto. Dificilmente você irá encontrar "moqueca para um" na capital soteropolitana. Costumava pedir, mas os garçons me olhavam como se estivesse propondo algo obsceno. Até que desisti e, em vez de me entupir de moquecas (que também adoro), passei a fazer caridade com as sobras de alguns testes de refeição.

Mas voltemos aos acarajés. O fato é que, a cada brecha que tinha, corria para o tabuleiro de alguma baiana. Uma bela tarde, estava eu parada no Rio Vermelho, no Acarajé da Cira, batendo papo e comendo meu bolinho recheado com rosados camarões. Chega um ruidoso grupo de gaúchos, com um rapaz bonitão no meio, querendo impressionar as moças que discutiam se arriscariam ou não provar o prato típico local.

— E então, meu rei, vai querer acarajé quente ou frio? – pergunta a baiana, maliciosa.

— Bah, claro que quente! – responde o rapaz, empinado feito um pavão.

(Para quem não sabe, tanto o acarajé quente quanto o frio são servidos quentinhos. O quente significa que ele virá com muita, muita pimenta. E o frio é ardido o suficiente para quem não está acostumado à iguaria.)

Enquanto o moço mordia com vontade o acarajé, a baiana me olhou, eu olhei pra baiana, e só deu tempo de me afastar um pouco antes de o bonitão cuspir tudo, quase sufocado com o sabor picante. Não segurei o riso, especialmente quando a baiana acrescentou, num ritmo lento:

— Ôxe! Tome uma água que logo passa...

## Bebê gourmet

Escapei ilesa do pesadelo da maioria das mães. Meu filho, Daniel, come bem, muito bem. E o melhor: come de tudo. De quiabo a jiló, passando por mexilhão, feijoada, sashimi, brócolis, alcachofra e gorgonzola. Em parte, devo agradecer ao crítico gastronômico Ricardo Castanho, que, em 2004 – bem no início da gravidez –, me orientou em restaurantes dos mais variados. Não tive um enjôo sequer, embora provasse alimentos não tão comuns, como *foie gras* e escargot. Desde a barriga meu filho já havia experimentado mais sabores que a maioria dos adultos que eu conheço.

Às vezes, até esquecia que estava grávida, pois meu estado não atrapalhou em nada. Muito pelo contrário, fiquei com o paladar mais apurado para nuances de temperos e ingredientes secundários. Até que um dia, o Daniel deixou bem claro qual seria sua grande paixão gastronômica: carne. Eu mesma só como carne bovina profissionalmente. Não gosto da textura e do sabor e procuro evitar, mas durante aquele almoço no Rio de Janeiro, embora tivesse outras opções no cardápio, a vontade do bebê prevaleceu. Pedi um filé alto, com muito alho, devorado com avidez e assombro. Naquela ocasião ainda não sabia seu sexo, mas, depois do prato "de macho", tive a certeza de que carregava um menino na barriga.

## Gula? Culpa do trabalho!

*Por Beatriz Santomauro*

Para uma glutona como eu, comer nunca é um problema. O difícil é trabalhar depois de uma comilança. Em Nova Petrópolis, cidade vizinha a Gramado e Canela na Serra Gaúcha (RS), os cafés coloniais são a atração local. Fui animada para experimentá-los, mas achei que não iria exagerar se comesse apenas um pouco de cada. Só não sabia que a quantidade de salgadinhos, docinhos, sanduíches, bolos e sucos era tanta que mesmo me servindo pouco já seria demais.

Entrei no restaurante sozinha e me sentei numa mesa de quatro lugares. A garçonete logo veio me servir, acompanhada de um carrinho repleto de bandejas. Todas eram para mim: conforme ela transferia as comidas para minha mesa, explicava que aquele era bolo de mel, o outro era folhado de palmito, aquele do canto trazia lingüiça caseira. E ainda completou: "Se quiser repetir algo, é só pedir". A mesa estava lotada de guloseimas, e eram todas apetitosas, fresquinhas, cheirosas. Fiquei maluca. E comi por uma hora, saboreando os quitutes um por um. Um pecado. Se eu voltar para lá, não tenho dúvidas: vou me servir de uma pequena quantidade de novo. E comer tudinho, sem peso na consciência.

Momentos de pura gula como esse, ops!, refeições como essa também fazem parte do trabalho de um repórter de guia turístico. A gente não almoça, testa. Não experimenta, avalia. Por isso, a escolha do prato não é aleatória. Pedir churrasco em Porto Alegre, peixadas no Pantanal, moqueca na Bahia, tutu em Minas Gerais, pizza em São Paulo: não importa qual seja minha vontade naquele instante, devo provar os pratos característicos do lugar. A repetição de sabores – às vezes, exaustiva – também está incluída no meu cardápio.

Com mais de duas semanas em Florianópolis (SC), já tinha comido em muitos bons restaurantes. Porém, meu organismo precisava de um respiro, um intervalo para tanta comilança. Então, decidi: naquela noite não sairia do hotel. Pediria um leitinho e um san-

COMER É PRECISO

Doces caseiros de
Pirenópolis – Goiás

duíche de queijo no quarto e pronto. O leite veio bom. O pão estava macio, o queijo derretia quentinho. Mal contive minha felicidade. Coloquei a camisola e liguei a TV para, em seguida, apreciar aquele momento todo meu. Mas o sanduíche trazia um extra indesejado: meio vidro de maionese lambuzando as duas fatias de pão.

Fiquei revoltada. O cozinheiro mal sabia o quanto aquele lanche era especial. Significava minha folga do trabalho e tinha grande responsabilidade sobre minha alegria e paz. O problema não era tão grave assim, mas desabei. Chorava mesmo, sentida, triste, brava, inconformada. Liguei para o restaurante muito mal-humorada, reclamando com a propriedade de alguém que encontrou um bicho bizarro no sanduíche. Quase meia hora depois, trouxeram outro, sem nada além do pão e do queijo, que eu comi enxugando as lágrimas, como se fosse a iguaria mais preciosa do mundo.

Mas se há algo que não me enjoa jamais – nem me faça pedir folga – é o pão de queijo. Vale de qualquer tamanho e em qualquer lugar do Brasil. Ele substitui um sanduíche, acompanha bem um café, engana a fome antes do jantar. Em Ouro Preto, Mariana e Tiradentes (MG), comecei achar que aquela bolinha saborosa estava virando um vício. Todos os dias, no café da manhã e no fim da tarde, provava uma para decidir qual seria a mais gostosa. Não elegi um como o melhor, mas conheci várias misturas deliciosas de polvilho e queijo. Vício ou não, sempre tenho a desculpa do trabalho para meus pecadilhos gastronômicos!

# Ode às Donas Marias

*Por Cristina Capuano*

Depois de avaliar os melhores restaurantes franceses, italianos, portugueses e auto-intitulados contemporâneos do Brasil, quero fazer uma homenagem: uma salva de palmas às Donas Marias. Ajoelho-me aos pés das pilotas mineiras do fogão à lenha, das baianas dos tabuleiros de acarajé, dos *chefs* autodidatas deste país privilegiado com ingredientes frescos e frutas tropicais.

Em Belém do Pará, tive o privilégio de caminhar no Mercado-Ver-o-Peso ao lado de um desses *chefs*: Paulo Martins, o maior representante dos sabores da floresta. Ao seu lado, experimentei a polpa natural do bacuri, da graviola e do cupuaçu. Comi pupunha, taperebá e abiu pela primeira vez. Ainda não era meio-dia quando sentamos em uma barraca para um peixe com açaí salgado. Enquanto almoçávamos com as mãos, Paulo me ensinou um bocado.

É um sujeito simples e amigável, como todo mundo deveria ser. Fala sobre os grandes nomes da gastronomia de São Paulo, a quem "exporta" ingredientes como o tucupi e a tapioca, com a mesma intimidade de quem cita as vantagens desta ou da outra "tacacazeira", exímias fazedoras do caldo fumegante (o tacacá) dos fins de tarde da sua cidade. É formado arquiteto pela universidade e experimentado cozinheiro por inspiração em Dona Anna, sua mãe. E com trinta anos à beira do fogão, continua declaradamente apaixonado pelo que faz.

No Mercado Ver-o-Peso, Paulo Martins me lembrou o jornalista Ricardo Castanho, uma das figuras que eu mais admiro no egocêntrico universo gastronômico. Um sujeito educado, quase um *lord* inglês que prefere dar estrelas em vez de ser uma delas. Com a sabedoria assimilada em mais de três mil testes de restaurantes pelo Brasil, Castanho me ensinou a comer. Mais que isso, me doutrinou com a frase: "Não existe comida ruim, existe comida malfeita".

Foi sentada naquela barraca do Mercado, entre alquimistas de banho de cheiro e mestres das ervas medicinais, que Paulo me contou sobre as indagações de um estudante de gastronomia paulistano. Disse que o rapaz, bem-nascido, perguntava sua opinião sobre o conceito de alta e baixa gastronomia. O *chef* paraense declarou que alta gastronomia, para ele, era o feijão que ele comia de joelhos, preparado "por uma ribeirinha desdentada chamada Maria, lá perto de casa".

*Chef Paulo Martins no Mercado Ver-o-Peso. E a combinação peixe frito com Açaí. Belém – Pará*

COMER É PRECISO

# Como driblar a balança
Karina Greco

Mulher sempre acha que está gorda. Como viajante, é inevitável provar aquelas iguarias tão comentadas e novas para o paladar. Ainda mais ficando pouco tempo em cada cidade. Há momentos em que é preciso fazer uma forcinha para conseguir experimentar de tudo. No Nordeste, almocei baião-de-dois, carne-de-sol e farofa de pilão, mas não perdi a vontade de comer uma bela tapioca na seqüência. E aquele perfeito marreco em Santa Catarina com todos os acompanhamentos a que tinha direito... Eu tentava me comportar, mas em alguns lugares era quase impossível.

Em vários momentos, eu trabalhava com a lei das compensações. Funcionava assim: na Amazônia, por exemplo, pedia peixe em todas as refeições. Sinal verde da balança. Como sobremesa, ia atrás dos deliciosos sorvetes de frutas da região. Antes de a balança acender o sinal vermelho, eu já me desculpava: são tantos os sabores que só num ritmo diário e numa quantidade considerável eu conseguiria experimentar todos eles. O azedinho do cupuaçu, a textura do açaí, o sabor incrível da castanha-do-Brasil, a suavidade da tapioca, graviola, tucumã, taperebá... Depois, era só voltar para o peixe. Como aquele que vem com caldo de tucupi e jambu, de gosto meio azedo, meio ácido. Já que a boca fica dormente – culpa do jambu! –, aí é possível controlar, por tempo determinado, a vontade de provar novos sorvetes.

Novidade por novidade, a combinação mais estranha que já experimentei – pelo menos a que me marcou bastante – foi uma mistura de fígado de pato (ou ganso – o famoso *foie gras*), agrião e chocolate. Foi num dos restaurantes mais badalados e modernos de São Paulo. O garçom descrevia todos os pratos do menu-degustação que eu havia pedido antes de eles chegarem à mesa. Quando me disse que a receita traria esses ingredientes no mesmo prato, quase desisti. Mas minha curiosidade foi maior. Comi. E não acreditei que estava gostando do sabor: a combinação tinha dado certo!

Essa experiência me estimulou a provar muita coisa diferente, além de misturar sabores doces e salgados sem torcer o nariz. Fazia assim: olhava o cardápio e pedia sempre um prato que eu não conhecia. No fim, ganhava sempre cerca de três quilos em 25 dias. Com alguma culpa, confesso, mas sempre com bastante prazer. Dieta e academia? Só quando voltasse para casa. E, quem sabe, doses cavalares de jambu, para a boca ficar quietinha, quietinha.

Castanha-do-Brasil de Manaus – Amazonas

# Minha primeira buchada de bode

*Por Sonia Xavier*

Como eu poderia indicar uma refeição sem experimentá-la? Para escrever sobre as melhores comidas, me despi de preconceitos gastronômicos e embarquei em verdadeiras viagens em busca do sabor inesquecível. Para isso, qualquer sacrifício valia a pena. Desde encarar dois almoços no mesmo dia até entregar-me a uma efervescente buchada de bode.

Cheguei, miúda e discreta, a um restaurante de Salvador (BA). Logo apareceu o garçom para me atender:

— O que a senhorita deseja? – perguntou em um tom conquistador e com o típico olhar maroto soteropolitano.

Sem pestanejar, respondi:

— Uma buchada de bode, por favor.

Quem não acredita no silêncio que se seguiu, precisava passar pelo que eu passei. Assim que pedi a buchada, ouvi, ou melhor, não ouvi mais nada. Tive a sensação de que o Pelourinho inteiro havia ficado silencioso. A família da mesa ao lado me olhou discretamente. Pude ver o risinho de canto de boca do casal na mesa em frente. O garçom repetiu, incrédulo, a pergunta e eu insisti na resposta.

— Moça, é uma comida muito forte. E vem bastante para uma pessoa só – reforçou, num tom nada amistoso.

— Tudo bem. Aliás, o bode de vocês é do sertão, não é? – desarmei o moço, demonstrando "fartos" conhecimentos na área.

Meu conhecimento, no entanto, se restringia à teoria. Quando o garçom colocou na mesa aquela bola de futebol americana, com caldo escuro e que ao ser cortada soltava pedaços de carne com texturas e cores diferentes, percebi que daquela vez poderia dar vexame. Só que o meu orgulho era maior. De novo, o bendito silêncio. Expectativa geral no restaurante. Eu sentia mais calor do que devia, minhas mãos suavam, mas tinha de fazer bonito.

Coloquei um pouco de farinha no prato já com a buchada. Peguei só um pouquinho da comida com o garfo, fingindo estar quente demais. Levei à boca. Humm! Surpreendentemente, senti um sabor forte, gostoso. O molho era denso, bem-temperado, e as carnes macias derretiam na boca. Parei de suar e me deliciei com aquela buchada. Evidentemente, comi o tanto que agüentava. Mas foi uma refeição inesquecível. Sei que, ao deixar o restaurante, devo ter virado tema de comentários antropológicos para as pessoas que estavam lá.

Porém, quando fui para a Ilha do Marajó (PA), sabia que teria chance de comer turu, uma espécie de minhoca gigante e gosmenta que vive nos troncos velhos e podres das árvores. Encontrei um lugar que servia o caldo, fiquei curiosa, mas não arrisquei. Preferi comer um belo peixe ensopado. Na volta para São Paulo, me dei conta de que tinha deixado para trás a chance de experimentar algo muito exótico. Até hoje me arrependo. Ainda bem que a recusa do turu foi uma exceção. Constam do meu currículo a carne de jacaré e o caldo de piranha do Pantanal, o escargot, o faisão, a capivara e o ouriço cru. Ah, claro, e aquela fantástica buchada de bode.

Ilha do Marajó, onde uma das iguarias servidas é o turu – Pará

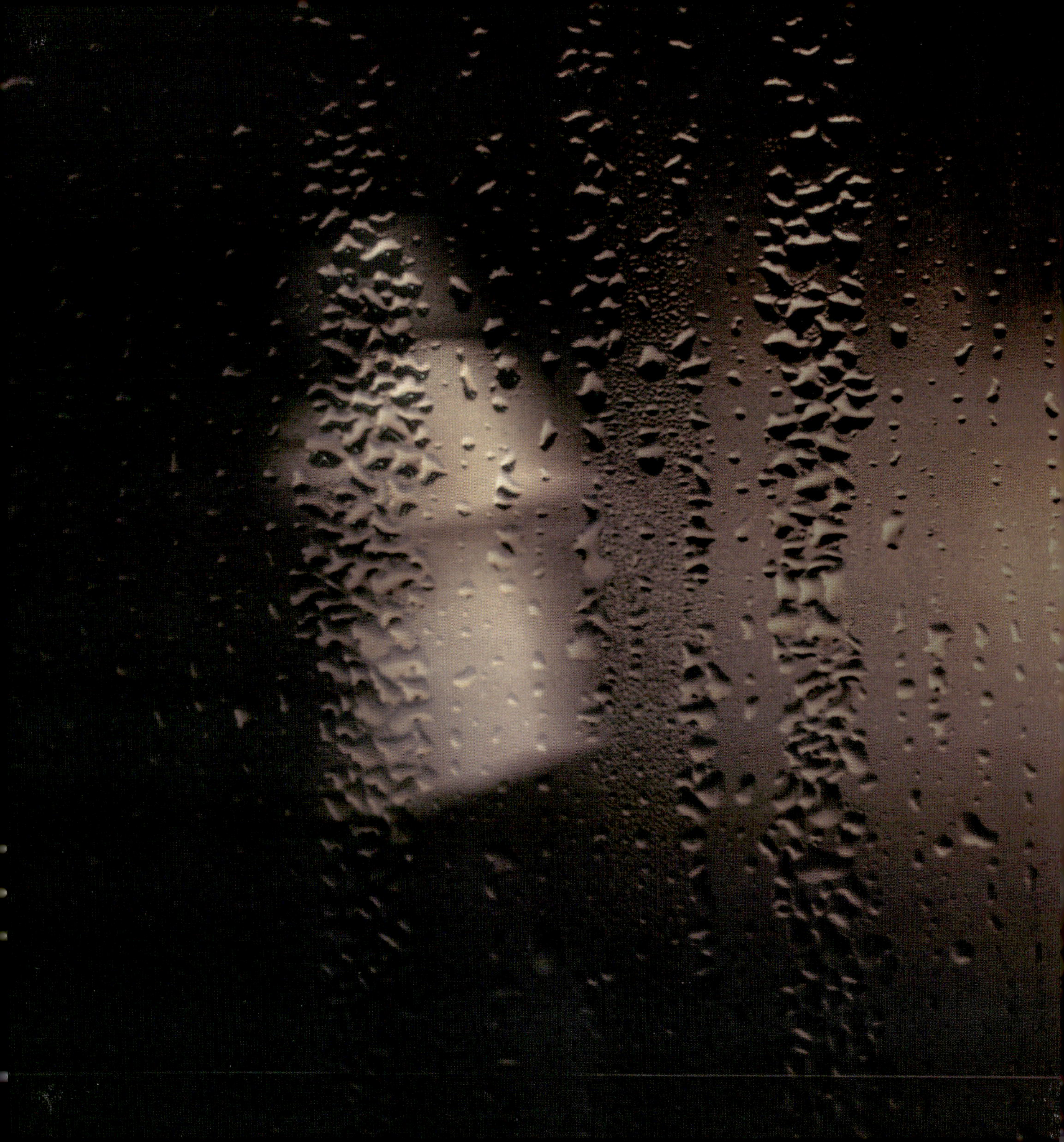

# 6

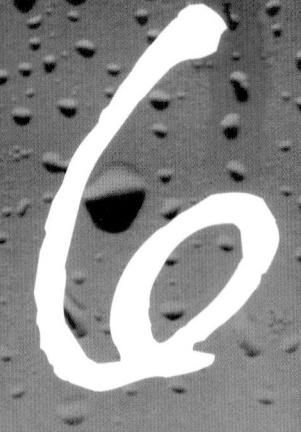

## Do além

# Noite na senzala

*Por Alexandra Gonsalez*

A região do Vale do Café é composta por dez cidades situadas em plena Serra do Mar fluminense. Entre elas, Barra do Piraí, repleta de fazendas históricas, com direito a mobília do século XIX e até encenação de um chá imperial servido por "mucamas". Há também muitas histórias de fantasmas, de uma época em que a crueldade com os escravos acontecia sem restrições, e lendas sobre a vingança dos mesmos depois de desencarnados. Eu ia pernoitar em uma dessas lindas fazendas transformadas em hotéis. Chegando lá, constatei que éramos poucos hóspedes, apenas eu e alguns engenheiros que trabalhavam em uma obra local. Fui recepcionada pela dona, que me instalou numa ala antigamente ocupada pela senzala. Humm... Minha cabeça já fazia associações: senzala mais tortura é igual a espíritos atormentados. No ato, perguntei para a mulher:

— Então, essa ala fica na antiga senzala, não é? Não têm aparecido muitos fantasmas por lá, não? Quer dizer, vocês fizeram algum tipo de limpeza espiritual, purificação, cercaram o local com sal grosso?

Vale do Café, Barra do Piraí
Rio de Janeiro

A proprietária riu das perguntas, mas garantiu que o ambiente estava completamente livre de almas penadas. Meio ressabiada, entrei no quarto amplo e aconchegante, de tábuas corridas que rangiam levemente. O banheiro era espaçoso, com uma grande janela dando para a entrada da fazenda. Fui jantar e, na seqüência, tive uma das melhores noites de sono da minha vida. Mas o amanhecer no campo acontece cedo, com direito a galo que canta ao primeiro raio de Sol. E foi nesse lusco-fusco da manhã que levei um tremendo susto. Vi um vulto marrom dentro do banheiro. O sangue gelou e a vontade de fazer xixi apertou. Respirei fundo e entrei com tudo, decidida a enfrentar um... cavalo, com a cabeçorra enfiada pela janela! Tranqüilo, o bicho nem se abalou com meus ares de exorcista. Continuou a ruminar sua graminha. Se havia algum fantasma presente, acho que se divertiu a valer com meu susto matutino...

### São Paulo mal-assombrada

Há quem ache um tanto mórbido, mas visitar locais considerados mal-assombrados sempre me pareceu um programão: mexe com a imaginação e deixa os nervos à flor da pele. Muito mais emocionante (e seguro) do que uma volta de montanha-russa. Em 2006, mapeei alguns desses lugares em São Paulo. A cidade mostra seu lado sinistro em cenários de tragédias e assassinatos. Prédios por vezes assustadores, com direito a gritos, sopros gelados e estranhas aparições relatadas por vizinhos, zeladores e passantes. Entre os endereços notoriamente assombrados, há a Casa de Dona Yayá e o Castelinho da Rua Apa.

Mas nenhum é tão lúgubre quanto o número 225 da avenida 9 de Julho, onde hoje fica o Edifício das Bandeiras. Chamado anteriormente de Joelma, foi palco de um terrível incêndio nos anos 1970, embora bem antes disso o local já fosse considerado maldito. Em 1948, havia uma casa no terreno depois ocupado pelo prédio e nela moravam o professor de química Paulo Camargo, de 26 anos, sua mãe e duas irmãs. Paulo assassinou a tiros a mãe e as irmãs e jogou os corpos em um poço no quintal, suicidando-se em seguida. Em 1972, a casa deu espaço ao Edifício Joelma. No dia 1º de fevereiro de 1974, 188 pessoas morreram e 280 ficaram feridas num incêndio causado por uma sobrecarga elétrica. Há quem diga que as almas das pessoas que morreram queimadas continuam a perambular por ali. Mito ou verdade, o fato é que senti um tremendo mal-estar no prédio, com direito a náuseas e dor de cabeça. Fiquei parada na portaria durante uns minutos e não consegui subir para conhecer os andares. Só queria me mandar o mais rápido possível daquele lugar. Embora não tenha visto nenhum fantasma, me lembrei daquele famoso ditado espanhol: "Não acredito em bruxas, mas que elas existem, existem". Quem sabe?

# Medo da sombra
*Por Beatriz Santomauro*

Sou medrosa, fico com frio na barriga, perco o sono. Há momentos em que consigo dominar minhas aflições, mas normalmente elas tomam mais lugar em minha vida do que eu gostaria. Viajar sozinha me faz perceber fraquezas e dá oportunidade de eu resolver conflitos e acabar com as manias. Ou, às vezes, de experimentar todos os recursos da minha imaginação fértil numa tacada só — ainda mais se os roteiros me levam para velhos casarões em noites de tempestade. Ou a dormitórios de paredes rachadas e ruidosas.

Em Cotia, interior de São Paulo, fiquei hospedada num hotel grande e antigo, sombrio e escuro. E era a única hóspede. Meu quarto parecia não ter sido usado há tempos, tinha cheiro de mofo e lençóis puídos. Quanta história aqueles cômodos deviam guardar... Veio a noite, em seguida uma chuva forte. Como não havia o que fazer, fiquei no meu dormitório. Comecei a ouvir um barulho de porta batendo. A princípio, o ruído parecia estar bem distante mas, aos poucos, tornava-se mais forte e mais próximo. Minha impressão era que, uma a uma, as portas estavam sendo fechadas com uma bela porrada. Eram tantas e as batidas faziam tanto eco que me senti cada vez mais incomodada. Parecia que chegariam até meu quarto – nem que fosse para só abrirem minha porta e depois fechá-la com força. Respiração presa, ouvidos atentos. E o tempo foi passando. Dormi com sobressaltos. No dia seguinte, acordei tranqüila. Não arrombaram minha porta, não entraram no meu quarto. E fui embora sã e salva. Ufa!

Mais um exemplo de como nossa imaginação pode ser traiçoeira. Em Aparecida (SP), me instalei em um quarto cheio de rachaduras nas paredes. Demorei a notar o desenho que faziam, percorrendo três das quatro paredes que me cercavam, indo do teto ao chão, dando voltinhas e deixando vãos. E quando desliguei a televisão e a rua silenciou, comecei a ouvir uns estalos. Altos. Vinham das paredes, cada vez de um canto diferente. Parecia que os tijolos estavam se acomodando, ou quem sabe, se rompendo a ponto de fazer tudo despencar. Os estalos não pararam. Mal consegui pregar o olho. A todo momento, pensava que aquele teto iria cair sobre mim, que teria de levantar correndo, destrancar a porta, pegar a bolsa, encontrar a escada de emergência, torcer para que ela estivesse aberta, gritar degraus abaixo... Enfim, pirei. Um pesadelo de olhos abertos. Naquela noite, ufa de novo!, o teto não ruiu. Mas, da próxima vez, mudo de quarto. Ou bebo uma cerveja para pegar no sono rápido – e em paz.

Até a sombra assusta.
Cotia – São Paulo

DO ALÉM

# Ilha maldita
## Por Cristina Capuano

Durante muito tempo, a Ilha Grande, no Rio de Janeiro, foi considerada um lugar maldito. Terra de sombras e árvores estranhas. Sede de um presídio de segurança máxima, a Colônia Penal Cândido Mendes, em Dois Rios. Instalada oficialmente em 1903, e desativada apenas em 1993, o complexo penitenciário era cercado por montanhas hostis e pelo mar. O único caminho de fuga era a praia ou a floresta selvagem – tentativas que normalmente acabavam em uma sessão de tortura. Poucos foram os casos dos que colocaram em prática sua estratégia de fuga. Mais raros ainda foram os que conseguiram se libertar.

Eu já conhecia os relatos minuciosos de Orígenes Lessa e Graciliano Ramos, dois dos ilustres prisioneiros de lá. Das minhas lembranças literárias, recordava o angustiante som das ondas quebrando na escuridão da praia. Mas foi em Freguesia de Santana que conheci o outro lado, ainda mais palpável, daqueles anos terríveis. O lado daqueles que, nascidos na ilha maldita, eram torturados pelo medo de estar do outro lado das grades, com água por todos os lados.

Sentados à beira de uma fogueira, ouvíamos quietos o relato do caiçara, que ainda vive no ponto da ilha mais próximo ao continente. Ele nos contava que os fugitivos enfrentavam as montanhas, a mata fechada, as chuvas, os insetos. Quando conseguiam atravessar para o lado abrigado da ilha, com as energias já esgotadas, precisavam cruzar o oceano com um barco de pescador. A nado seria arriscado: o mar era traiçoeiro e povoado por tubarões.

Foi em uma tarde dos anos 1980 que aquele caiçara recebeu a visita inesperada. O sujeito, muito educado, se prontificou a ajudá-lo a consertar o barco enguiçado na praia. O pescador, desconfiado mas precisando de auxílio, aceitou. A prosa seguiu noite adentro, até que o caiçara confessou ao forasteiro: "A gente tem medo, sabe como é, tanto preso nessa ilha". O visitante sorriu, tranqüilo: "O preso só faz mal a quem faz mal a ele".

O forasteiro acabou dormindo na casa do pescador. Na manhã seguinte, havia desaparecido. O barco permanecia na praia, intacto.

Labaredas: testemunhas de uma fuga. Ilha Grande - Rio de Janeiro

Tempos depois, os policiais surgiram acompanhados por mais um fugitivo. Era o mesmo a quem, dias antes, o caiçara dera abrigo.

Senti um frio na espinha quando passamos a primeira noite acampados, ainda do lado voltado para o continente, depois daquela conversa à beira da fogueira. Graciliano demorou dez anos para conseguir descrever o horror de estar ali. Também faz dez anos que estive naquelas ruínas pela primeira vez. Ainda não consegui apagar a sensação trazida por aquelas paredes de limo e história. De volta para casa, reli com outros olhos as memórias de Graciliano. Ele talvez tenha esquecido de citar que Dois Rios é uma praia belíssima. Uma paisagem injustiçada por um passado tão medonho.

## Mortos-vivos

*Karina Greco*

Museu de Arte Sacra, Olinda
Pernambuco

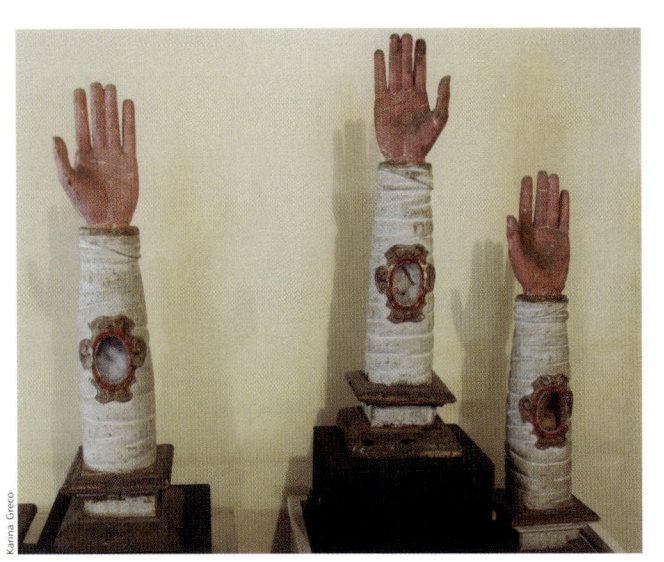

Olinda, Pernambuco. O calorão de meio de ano consumia minha paciência. Por três vezes, eu tinha tentado entrar no Museu de Arte Sacra, nos horários indicados no papel do lado de fora da porta. E nada. Todo mundo olhava para mim com aquela cara de "por que a pressa?". Até que finalmente consegui. Presépios com figuras regionais, santos e outras imagens. De repente, dei de cara com quatro braços de madeira com as mãos apontadas para cima. Fiquei intrigada com uns algodõezinhos dentro de um buraco vazado no meio de cada um dos braços. Olhei, olhei e não entendi. Aquela curiosidade estava me matando. Perguntei a uma funcionária. "São pedaços de ossos dos santos", ela me disse. Meu Deus! Tremi toda. Imaginei os ossinhos embrulhados no algodão. Ossos de um cadáver! Para manter a memória de uma pessoa é preciso preservar uma parte do corpo morto? Achei macabro.

Comemorei os novos ares da viagem seguinte – assim, a lembrança daqueles braços de madeira e seus ossos de verde me deixaria em paz. Em Xapuri, no Acre, visitei o pequeno museu instalado numa casinha que havia sido do ambientalista Chico Mendes, na qual ele viveu com sua esposa e filhos e onde, em 1988, foi assassinado. Também ali travou grandes batalhas pela natureza. Logo ao entrar, tive uma sensação estranha. Caminhando pela casa, cômodo a cômodo, a "cicerone" foi explicando o que se passou lá. Descreveu, então, a cena do crime que ocorreu ali mesmo, onde eu estava pisando. O chão rangia e me dava calafrios. Senti uma presença oculta, que me acompanhava em cada canto do ambiente. Guiada pela jovem e emocionada pela narrativa que ouvia, durante o trajeto do quarto para a cozinha, voltei a sentir a tremedeira. Numa tocaia, os assassinos de Chico aguardavam-no nos fundos, ao lado de onde ficava o banheiro (separado da casa). Ao abrir a porta da cozinha, virada justamente para lá, o líder dos seringueiros foi morto. Pingos de sangue ainda permanecem na parede e no chão. E a toalha furada da bala ainda está exposta. Quase revi a cena.

Talvez aconteça com todo mundo – esse sentimento de que algo me observa, está à espreita, de que alguém anda atrás de mim nesses lugares que guardam memórias tristes ou cruéis. O mesmo acontece nos cemitérios e em museus cujas plaquinhas remetem a épocas muito antigas: "século I a.C.", por exemplo. Parece que certos eventos, embora tão distantes no tempo, tornam-se próximos fisicamente. Que os espaços guardam, de algum modo, parte da vida dos mortos e que podemos, sim, sentir tal presença. Ou, quem sabe, é algo da minha cabeça, que tampouco me deixa esquecer aquela casinha de madeira respingada de sangue na Amazônia.

# Do outro mundo

*Por Sonia Xavier*

Em maio de 2004, fui para Cabo de Santo Agostinho, em Pernambuco, conhecer a Vila de Nazaré, uma pequena colônia de pescadores que mantém preservadas construções e características do século XVI, como a Igreja de Nossa Senhora de Nazaré e a Praça da Aurora, cujas casas ao redor deixam-na com formato quadrado. Ao lado da igreja, há um cemitério. Era hora do almoço, o Sol estava em seu auge e, talvez por isso, com exceção de mim, não havia ninguém na rua. Entrei na igreja, onde tampouco encontrei um ser vivente. Fiquei um tempinho sentada nos bancos de madeira, depois caminhei até o claustro. Uma pequena porta ligava-o ao cemitério. Fiquei receosa de entrar lá. Na verdade, o silêncio e o Sol me desanimaram. Quando estava voltando para o carro, estacionado na frente do muro do cemitério, recebi uma "amendoada" na cabeça. Foi um golpe tão rápido e dolorido que tive uma breve sensação de desmaio. Mas aquela ação rápida me fez reagir na mesma intensidade. Virei, furiosa, buscando o autor daquela ação tão malvada. Calculei mentalmente a rota da amêndoa e descobri que só poderia ter vindo do cemitério. Subi no capô do carro para ver quem tinha sido o malandro, imaginando encontrar crianças. Não havia ninguém. Somente um monte de pequenos túmulos pintados de branco. Olhei para todos os lados, impossível que tenha sido alguém das casas próximas, exceto um atleta olímpico para me atingir àquela distância. Voltei para o carro com sentimentos ambíguos. Parte de mim acreditava em maldade, a outra pensava em ações do além. Saí de lá sem nenhuma explicação plausível, apenas com uma dor na cabeça.

Segui, então, para um hotel na Praia de Suape. Peguei uma estrada em boas condições, mas sinuosa, que me obrigava a ir devagar. Numa das curvas, vi uma pequena casa toda cor-de-rosa, cercada por árvores com troncos pintados com a mesma tonalidade. Quando estava passando na frente dela, um vulto se moveu agilmente entre as árvores. Pisquei os olhos, achando ser uma peça da minha visão. Não enxerguei mais nada. Novamente, um friozinho subiu pela minha coluna. Olhei pelo retrovisor e, de novo, o vulto se moveu no meio das árvores de troncos rosados. Pisei forte no freio sem pensar no risco de outro carro aparecer na curva e me empurrar quilômetros adiante. O susto da amendoada ainda me intrigava.

Olhei novamente e não vi nada. Respirei fundo e segui para o hotel. Trabalhei com o pensamento na estrada, o que afinal eu havia visto? Será que o Sol tinha afetado minha visão, meu raciocínio?

Quando retornei, mantive toda a atenção na estrada e na paisagem. Queria saber o que havia naquela casa cor-de-rosa. Vi uma imagem das mais curiosas. Sentada na soleira da janela, estava uma senhora de cabelos louros e levemente ondulados, cuja pele de tão branca parecia feita de porcelana. Vestia roupas também cor-de-rosa. Dessa vez, embiquei o carro o máximo que pude no pouco espaço que existia, já que acostamento não havia ali, e desci.

Flor de Liz, esse era o nome dela, abriu um sorriso generoso e me chamou para conversar. Proseamos muito e a enchi de perguntas sobre tudo: sua casa, a preferência pelos tons cor-de-rosa, sua vida. Ela me disse que era uma "escolhida de Jesus" e que usava tal cor a pedido dele; assim, quando ele voltar a Terra, saberá onde encontrá-la. Aliás, segundo ela, Jesus retornará em breve e não será um miserável,

Flor de Liz, sentada na janela de sua casa, em Cabo de Santo Agostinho - Pernambuco

maltrapilho e andarilho como alguns pensam. "Ele terá talão de cheques!", me confidenciou Flor de Liz. "E, olha, você é uma das escolhidas, sei disso." Agradou-me a idéia, só que tinha de seguir viagem e não dava para ficar ali, esperando o Salvador. Mas adorei conhecer aquela mulher que, decididamente, vive em outro mundo.

A casa toda cor-de-rosa. Cabo de Santo Agostinho

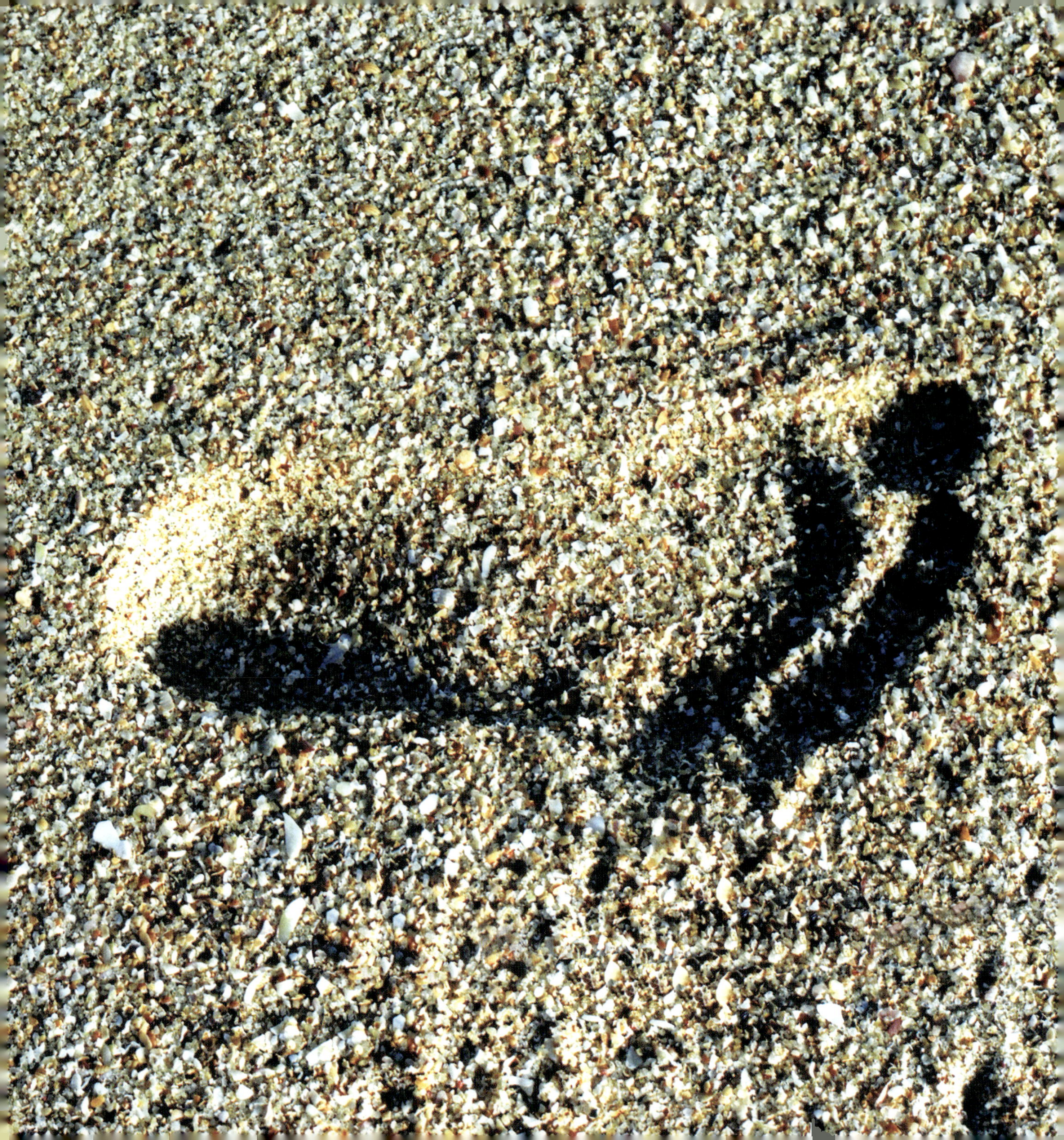

# 7
## Solidão amiga do peito

## Mesa para um, por favor
### Por Alexandra Gonsalez

Quando contava que viajava sozinha pelas estradas do Brasil, a reação da maioria dos amigos e parentes variava entre o horror e a pena. Poucas pessoas compreendem como é gostosa a sensação de liberdade de pegar a estrada sozinha, sem hora para sair de um lugar ou chegar ao próximo destino, cantando a plenos pulmões a música brega que toca nas rádios pelo interior do país.

Claro, há diferença entre viajar sozinha de férias e a trabalho. E uma jornada sem companhia também pode significar solidão. Você não tem ninguém ao lado para comentar a beleza daquele pôr-do-sol ou as delícias de uma refeição memorável. Por outro lado, a viagem fica muito mais ágil e não há estresse pela demora no banho, pela hora de acordar ou sobre o que fazer primeiro. Todas as noites eu ligava para casa, somente para contar como havia sido meu dia. Era uma forma de me fazer presente na vida de todos e deixá-los participar da minha. Afinal, perdia aniversários, velórios, casamentos e encontros em geral. A única vez em que me senti realmente mal e culpada foi quando meu pai passou por uma delicada cirurgia de hipófise. Eu estava em Goiás, não tinha como voltar, e fui acompanhando tudo por telefone. A operação correu bem, meu pai se restabeleceu depressa, mas administrar a angústia e o estigma da ausência foi bem sofrido.

Viajar sozinha também me ensinou a achar saída para qualquer situação. Como, por exemplo, não me incomodar em jantar sozinha num restaurante elegante – sempre com um providencial livrinho na bolsa – ou testar o bar do hotel com o semblante de um monge tibetano, a despeito dos olhares insistentes ao redor.

Drinque solitário, mas divertido.

Apenas começava a falar sobre meu marido ou sobre a terrível situação dos refugiados do Sudão que a conversa acabava rapidinho. E podia voltar a bebericar meu drinque sossegada.

Adorava quando havia testes de restaurantes ultra-românticos. Era diversão na certa. Em 2003, fui testar um desses em Nova Lima (MG), em plena noite de sábado. O bistrô era pequeno, charmoso e na penumbra, com as mesas ocupadas por quatro casais espalhados estrategicamente. Fiz reserva para dois só para observar a reação das pessoas quando "levasse o cano". Depois de dez minutos de "espera", fingi atender o celular e em seguida fiz o pedido. O garçom retirou nervoso os pratos e talheres extras e ainda perguntou:

— Está tudo bem?

— Sim. Minha irmã acabou cancelando em cima da hora – respondi com a maior cara de pau. O moço fez uma cara de "Irmã? Sei...".

Das outras mesas, pude ouvir um burburinho abafado e observar expressões clássicas de "coitadinha, esse cara não deve prestar". E eu lá, me segurando para não dar uma gargalhada. Na saída, quando revelei minha identidade secreta para atualizar as informações da casa, o gerente parece que respirou aliviado e ainda comentou com os garçons:

— Ah, a moça está a trabalho...

## Garrafinha de espumante

### Por Beatriz Santomauro

Definitivamente peguei gosto por viajar sozinha. Claro que não é fácil ter que decidir tudo a toda hora, não ter a ajuda de alguém para pensar junto, poder dividir a risada, o choro, a conversa, o momento, pedir para tirar uma foto, ajudar a carregar as sacolas enquanto vou ao banheiro... Mas também não acho fácil viajar em grupos grandes e esperar que todos se arrumem para sair do hotel ou entrem em acordo para fazer os passeios. Por isso, assumi que adoro e encaro uma viagem desacompanhada numa boa, a trabalho ou nas férias. Claro que há certas datas em que estar ausente pode ser bem dolorido, como nos aniversários dos mais queridos – por sorte, nunca passei um aniversário meu compulsoriamente solitária – e então é preciso manter a serenidade e preencher o tempo de forma agradável. Quem sabe até sem chorar.

Durante cinco anos, passei todos os Dias das Mães fora de casa. As viagens a trabalho obedeciam a um determinado cronograma, e maio era certo: estaria a quilômetros do almoço do domingo. Era chato telefonar para casa e saber que estavam todos reunidos, trocando

Borbulhas para esquecer da vida. Curitiba – Paraná

presentes, comemorando, fazendo festa. Igualmente desconfortável era trabalhar naqueles domingos de encontro das famílias. Nos restaurantes, só mesas grandes e mães recebendo flores. Nos hotéis vazios, quem trabalhava tinha motivos de estar tão insatisfeito quanto eu. Para homenagear minha mãe, inventei uma brincadeirinha a cada ano. Para substituir meu abraço, mandava cartão postal, fazia cartinha e passava por fax, despachava outras mais longas pelo correio, e tentava comemorar logo que voltava.

Em um dos anos, em Curitiba (PR), resolvi testar um restaurante suíço, super charmoso e caro, em pleno Dia das Mães. Quando atinei que seria uma refeição concorrida, liguei reservando. Mas outros filhos haviam sido mais rápidos e já lotavam as mesas. Comecei a insistir: chegaria ao meio-dia, pontualmente, e não demoraria segurando a mesa porque já tinha compromissos depois. Consegui convencê-los. Para não me acharem totalmente louca com tanta insistência, reservei a mesa para duas pessoas, uma vez que ninguém iria num restaurante daqueles e naquela data sem companhia. Na hora H, apareci sozinha. A dona do restaurante estranhou, sondou por que eu estava sem companhia, e precisei inventar que minha mãe não quis vir comigo, pois havia optado por almoçar com outras pessoas. A proprietária não se conformou. "Melhor para você, ela não a merece", disse. Assustei. Ela pegou pesado. Quase comecei a defender minha mãe, que estava morrendo de saudade de mim a 500 quilômetros de distância. Mas tive de sustentar a mentira e dar razão a ela, claro. Na saída, a mulher me presenteou com uma garrafinha de espumante – aquela que foi dada a todas as mães do dia – para tentar me confortar. Afinal, talvez pensasse que eu merecia tomar um porre com estilo.

# Viajar, verbo intransitivo

## Por Cristina Capuano

O jornal estava amassado sobre a mesa. Nele, o psicanalista Contardo Calligaris comparava em sua coluna semanal o ato de viajar e o de amar – duas de minhas práticas preferidas. Refletia ele que "o amor e a viagem têm isso em comum: ambos nos fazem descobrir em nós algo que não estava lá antes".

Muitas vezes, a gente pensa que viaja para esquecer uma desilusão, uma briga feia, um fim de romance, um não-princípio. Em outras paragens, encontramos uma paixão nova, daquelas que fazem o mundo virar de cabeça para baixo. E ganhar mais sentido. Em todas as viagens que fiz, não encontrei objetivo mais nobre que o definido brilhantemente pelo psicanalista: encontrar a nós mesmos.

Aconteceu comigo na Chapada dos Veadeiros (GO). A tarde era de primavera, e eu caminhava sozinha na savana brasileira. É uma paisagem fantasmagórica e sedutora, sobre um solo que parece ser árido, ter pouca vida. Para os olhos que enxergam além do que a vista alcança, porém, a vegetação do cerrado é demasiadamente humana. E quanto de mim havia naquele imenso jardim de galhos retorcidos...

Se um dia eu conseguir fazer as contas de quanto já rodei país afora, elas devem chegar a 120 mil quilômetros percorridos pelo Brasil sem companhia. Já senti, obviamente, um vazio absoluto. Uma solidão imensa. Na estrada para a bela São Miguel dos Milagres, em Alagoas, uma tristeza profunda tomou conta do meu coração. Só por olhar o mar esverdeado e não ter ninguém com quem comentar: que lindo. Parei o carro e chorei dolorido. Chorei, sem que ninguém me ouvisse.

Um ano depois, no Rio de Janeiro, vivenciei a síndrome do pânico trancada durante dois dias no quarto de um hotel em Copacabana. Queria morrer sozinha. A viagem ao fundo do meu abismo, naquela viagem, duraria o mês inteiro. Eu percorria o calçadão todas as manhãs, flanando entre pessoas que conversavam e riam. Mas me mantinha na superfície, sem

Mar azul de São Miguel dos Milagres – Alagoas

alcançar o chão. Estava entre dezenas, centenas, milhares de pessoas. E me sentia absolutamente sozinha.

Mas foi durante aquela caminhada na Chapada dos Veadeiros, entre plantas mórbidas de galhos retorcidos, que tudo pareceu fazer mais sentido. Eu me via nelas. E isso doía. "Por isso, o viajante e o amante podem esbarrar em problemas análogos: às vezes, ao sermos transformados pela viagem ou pelo amor, não gostamos do que encontramos", traduziria o psicanalista.

Na estrada, consigo colocar o jardim em ordem. Na estrada, também entendi que as placas nem sempre indicam o melhor caminho. Em muitos momentos, é preciso ir mais adiante, experimentar um atalho improvável, arriscar poucos quilômetros com o combustível na reserva a fim de encontrar o que está procurando. Pode ser que você nunca encontre. Pode ser que seja tarde.

Na Chapada, encontrei o que buscava. E gostei do que descobri, de mim, naquele jardim de galhos retorcidos. Senti que meus pés poderiam seguir firmes no solo ácido e desnutrido. Porque no chão do cerrado de nós mesmos não falta água nunca. Depois que crescem, as plantas da Chapada dos Veadeiros formam uma casca espessa sobre as feridas. Não para escondê-las, mas para protegê-las nos dias mais secos. Quem souber adentrá-las, encontrará vida em seu interior. E aí está a grande riqueza.

## Bem na foto

*Por Karina Greco*

Curtir fazer as coisas sozinha nunca foi para mim. Quando vou ao shopping, gosto que me acompanhem para dar opinião em minhas compras; no cinema, ter alguém com quem comentar as melhores cenas é essencial; se for para almoçar ou jantar sozinha, prefiro nem sair de casa. Quando fui convidada a ser repórter de uma publicação de turismo e viajar pelo Brasil, sabia que teria dificuldades em lidar com esse sentimento de estar só. Mas me dei um voto de confiança.

Na primeira viagem, não foi assim tão complicado. Com pouca experiência ainda, eu ficava muito atenta a tudo na estrada e não queria deixar passar um único detalhe dos quartos de hotéis e cozinhas de restaurantes. Além disso, quando fazia um passeio, quase não aproveitava direito, naquela ânsia de ser o mais profissional possível. Aos poucos, aprendi a ser viajante: deixei meu lado turista aparecer e passei a conviver melhor com a solidão.

As máquinas fotográficas estavam sempre penduradas em meu pescoço. Uma digital e uma analógica. Sempre gostei de fotos – ainda mais daquelas em que aparecem pessoas. Mas como é que eu tiraria foto de gente se, em muitos momentos, eu era a única cidadã em determinado lugar? Ora, nem por isso deixaria de guardar lembranças de minha passagem pelas mais diversas paisagens. Comecei, então, a tirar fotos de mim mesma. Já que não carregava tripé, tinha mesmo de improvisar. E isso virou não só minha grande façanha como também uma boa diversão. Hoje tenho uma coleção de fotos lindas de mim. E o melhor: tiradas por Karina Greco, com exclusividade!

## Dura na queda

Mas há horas em que a solidão traz uma tristeza tão aguda que dá vontade de desistir de tudo. Estava em Niterói (RJ), no início de uma das viagens. Depois de ficar dois dias por lá, decidi ir para a região das praias mais distantes. Aí teria mais alguns dias para, na seqüência, curtir os atrativos da cidade quando voltasse para a região central.

Reservei uma pousada a trinta quilômetros de Niterói. Quando cheguei, percebi que era a única hóspede. Meio de semana, a tarde logo acabaria e chovia muito. Estava ótimo para descansar, já que eu teria que visitar as praias apenas pela manhã. Entrei no meu quarto e liguei a televisão. Parece que houve uma conspiração contra mim naquela noite. A TV a cabo saiu do ar, nenhum canal pegava, nem os abertos. Em seguida, acabou a luz. Tudo por causa da forte chuva. E, então, teve início meu pesadelo. Comecei a passar muito mal, provavelmente pela refeição de pouco tempo antes. Meu telefone não funcionava. Desci à sala da pousada e não encontrei ninguém que me acudisse. Voltei para o quarto, e virei a noite num tremendo mal-estar. E, para piorar tudo, em uma das minhas idas ao banheiro, descobri algumas companheiras de quarto: imensas baratas. Mesmo fraca, acabei com todas elas. Mas não agüentei: deitada na cama, virei de lado e chorei até quase desmaiar. Que desespero.

Auto-retratos feitos durante as viagens

Fotos Karina Greco

Na manhã seguinte, assim mesmo visitei as praias que estavam no programa. Voltei para a cidade e fui parar no hospital. Repousei durante o resto do dia. Quem dera ter minha mãe ou um amigo por perto... Mas, fazer o quê? Depois de dois dias, já estava melhor e consegui terminar a viagem numa boa. As jornadas solitárias fazem isso conosco: saímos bem na foto, mas acabamos nos tornando duras na queda. Lei da sobrevivência...

## À flor da pele

*Por Sonia Xavier*

Lembro-me perfeitamente da primeira vez em que caí solitária na estrada. Tudo muito divertido. A sensação de liberdade que tomava conta de mim me deixava toda prosa. Sentia-me realizada pela possibilidade de vencer distâncias e chegar a lugares inimagináveis. E o melhor: saber a direção correta da estrada e ler um mapa rodoviário como jamais imaginei que pudesse fazer. Logo no meu primeiro sábado, percebi que tinha aprendido muito. Porém, em troca, deixei uma porção da minha vida para trás e não conseguia me desligar dela.

Até então, eu mantinha em São Paulo uma vida agitada, vivia cercada de amigos e ia para meu sítio em Igaratá todos os fins de semana. Durante aquela viagem de estréia, que iniciou uma rotina de sete anos, bastou entrar no quarto do hotel e fechar a porta para entender que estava sozinha. Constatei que, naquela noite, o máximo de diversão seria zapear pelos canais de televisão. Até poderia fazer uma incursão para conhecer a vida noturna de Jaú (SP), mas sozinha? Chorei, assim como chorei muitas outras vezes ao me deparar com a solidão trazida à tona por uma música, uma estrada deserta ou uma paisagem inesquecível.

Em Florianópolis (SC), tive uma crise marcante, que ficaria em minha lembrança por muito tempo. Mal sentei na cama da pousada, e as lágrimas jorraram. Chorei tanto que acordei na manhã seguinte com a cara inchada, a mesma roupa do dia anterior e sem nenhuma lembrança do bicho que havia me mordido. Anos depois, ao começar a compilar as histórias para este livro, recorri às minhas anotações. Encontrei o seguinte trecho: "...sinto saudade da minha casa, vontade de estar com meus amigos, saber o que eles estão fazendo nesse momento. Vejo na televisão uma música que fala que a gente vive deixando a vida para trás. Será que estou fazendo isso com a minha? Eu queria tanto o meu quarto agora, o cheirinho do meu travesseiro..." Não me lembro se houve um motivo que tenha detonado tamanha tristeza, mas ainda consigo entender aquele sentimento doído originado pela solidão.

SOLIDÃO AMIGA DO PEITO

No entanto, quando eu pegava a estrada novamente, talvez por me ver em movimento, talvez pela sensação de que poderia alcançar o desconhecido, já não me sentia mais tão só nem tão triste. Tinha sempre a certeza de que iria chegar aonde quer que fosse (isso mesmo, nunca duvidei disso!). Com o tempo, aprendi a arrumar aliados: a internet e as mensagens pelo celular. Freqüentei tantas *lan houses* que algumas se tornaram parte indissociável da viagem. Lembro-me de ter mandado um e-mail para um amigo poeta, em Jericoacoara (CE), numa casa com um janelão que me permitia ver o mar. Consegui partilhar com ele meus sentimentos naquele momento. E, graças aos torpedos, pude desabafar, celebrar ou contar aventuras aos amigos mais chegados. Sempre com as emoções à flor da pele.

Sonia, encarando a solidão na foz do Rio Mundaú, Paracuru – Ceará

Karina Greco

Beatriz Santomau˜o

Sonia Xavier

Karina Greco

Sonia Xavier

# 8

## Cenários inesquecíveis

# O Rio continua lindo

*Por Alexandra Gonsalez*

Fernando de Noronha (PE), Chapada Diamantina (BA) e Bonito (MS), nessa ordem. Para mim não há dúvidas de que esses três lugares são os mais tudo no Brasil – bonitos, fantásticos, mágicos. Contudo, a cada viagem, algum detalhe se torna inesquecível em cenários nem tão cinematográficos ou famosos, mas igualmente interessantes.

Nunca vou esquecer o dia em que mergulhei ao lado de pingüins em Arraial do Cabo (RJ), com o mar de um azul profundo e os bichinhos ali, perdidos, depois de pegar uma corrente gelada que os levou para bem longe da Patagônia, seu destino original. Os pingüins davam voltas ao meu redor e quase me seguiram até a praia. Mais tarde, descobri que muitos morriam quando as águas esquentavam e eles não conseguiam seguir seu caminho rumo ao Sul. Tive vontade de voltar lá e resgatar um a um. Eram tão fofos! Também impossível apagar da memória o céu estrelado de Catalão, uma cidadezinha perdida no meio de Goiás. Passei horas na rede da pousada, olhando para cima, hipnotizada pelos pontinhos brilhantes e pela Lua cheia, repleta de saudade e suspiros.

E nada como redescobrir uma cidade acompanhando um estrangeiro, que ainda mantém um frescor no olhar sobre lugares que nós, brasileiros, achamos que já conhecemos de cor. Aconteceu comigo, paulistana da gema, no Rio de Janeiro – cidade que amo e na qual moraria sem problema algum. Em 2003, minha grande amiga Alexandra Seifert, uma alemã nascida e criada em Berlim, acabou acompanhando parte de minha viagem de um mês na Cidade Maravilhosa. Pode parecer um clichê barato de agência de turismo, mas o Rio realmente é inesquecível. Por quê? Alex soube explicar bem, sentada ao lado de Carlos Drummond Andrade na orla de Copacabana, tomando um suco de graviola:

— Mesmo com as favelas e os problemas sociais, o Rio de Janeiro é um dos mais belos cenários que combinam mar e montanha que já vi na vida.

E olha que a moça já rodou países de todos os continentes.

Aquela era minha segunda vez no Rio de Janeiro e, antes de começar meu trabalho, ainda tinha uma visão de turista. Juntas, desvendamos não só o Rio do cartão

Alexandra Seifert,
uma alemã no Rio de Janeiro

postal, mas também a cidade do morador com o mesmo olhar curioso e admirado. Para todos os efeitos, éramos mais duas loirinhas conversando animadamente. Por sorte, uma delas tinha sangue 100% brasileiro e sabia evitar as ruas mais suspeitas, os programões-mico para turistas e os preços diferentes nos táxis.

Percorremos toda uma lista de cenários inesquecíveis. As calçadas do velho centro, pelas ruas Quitanda e Gonçalves Dias, onde nos entupimos de doces na fantástica Confeitaria Colombo. Visitamos os botecos da Lapa, provando chopinhos e caipirinhas. Observamos o nem sempre discreto tráfico de drogas na entrada da Favela do Vidigal. Ficamos boquiabertas diante da vista magnífica aos pés do Cristo Redentor, no trajeto do bondinho e no topo do Pão de Açúcar. Rimos do "efeito Miami" na Barra da Tijuca, visitando os ótimos shoppings do bairro. Apostamos no Jockey Clube e demos um giro pela Vila Isabel, Santa Teresa e São Cristóvão. Assistimos à gravação da novela das oito na praia do Leblon – e, à noite, cruzamos com os mesmos atores nos restaurantes. Caminhamos pela orla toda as manhãs, ambas rindo dos esquisitos trajes de banho dos "estrangeiros" – providencialmente, fiz a Alex comprar um biquíni brasileiro antes de dar o primeiro mergulho.

O único momento em que nossos olhares costumavam destoar era em relação às favelas. Alex ainda se chocava com a visão da Rocinha, ao lado de um dos shoppings mais chiques e exclusivos da cidade, ou da favela da Maré, cercada pelo mangue. Eu, brasileira de tudo, infelizmente já estava bem mais acostumada.

# Tardes de domingo

*Por Beatriz Santomauro*

O tempo passava mais rápido do que meu carro corria, e a claridade já dava lugar ao princípio de noite. Respirei aliviada quando vi a placa que marcava Bueno Brandão (MG) a poucos quilômetros. Na mesma hora, a estrada fez uma curva e dei de cara com o pôr-do-sol. E a cena estava linda: um tom de cor-de-rosa que virou azulado, que pareceu roxo, que tinha traços amarelos. Não agüentei: parei no acostamento, saquei a máquina pra fora da janela e tirei várias fotos para guardar de lembrança. A pequena cidade apareceu na minha frente, e eu já estava encantada. O movimento na avenida principal era típico de um domingo quente. Famílias nas ruas, grupos de jovens paquerando, crianças correndo. Chegava no momento em que provavelmente os outros turistas já haviam partido. Nem liguei para os olhares curiosos, que logo identificaram uma "forasteira". Parei no mercadinho para me abastecer de água, e um evento movimentava o local: era jogo do Corinthians. Todos estavam na frente da TV: o caixa, os atendentes, o dono. Peguei a garrafa e ouvi uma latinha de cerveja sendo aberta: pléc! Achei que eu também merecia ouvir esse barulhinho reconfortante, depois de horas na estrada. E lá, ao lado dos fanáticos por futebol, fiz o meu próprio "pléc". Tomei um gole, saboreando o líquido gelado e a atmosfera agradável, e até fingi que estava vendo o jogo. Foi uma daquelas tardes de domingo sem nada de mais; mas, mesmo assim, carinhosamente guardada na memória.

Minas Gerais me presenteou com outro momento de puro desfrute. Cheguei cedo a Santana dos Montes. Também era domingo, o Sol brilhava. Desisti de procurar uma rádio que sintonizasse, segui aproveitando o silêncio do caminho. Devagarzinho, devagarzinho, ouvia mais passarinhos, prestava atenção no vento, escutava as vozes saindo das poucas casas à beira da estrada de terra. Passei por umas três ou quatro fazendas, visitei uma a uma, e só cheguei no centrinho da cidade no fim do dia. Era lá que ficava minha pousada, um casarão do século passado restaurado em todos os detalhes, bem na frente da igreja-matriz e do agito de domingo.

Deixei minha mala e busquei um orelhão. Por quase meia hora, estive conversando de pé com São Paulo no telefone, vendo o movimento, e prestando atenção nas estrelas que já despontavam. Ruas tomadas por crianças, jovens, adultos e idosos no ritual dominical. Parecia uma encantadora sinfonia, com vários participantes, cada um colaborando em um tom. Aqui, a calmaria na rua parecia não existir. Foi como uma viagem no tempo para mim, moça de metrópole: as mulheres conversavam, entre cochichos e gargalhadas, enquanto os homens batiam papo nos bares dos arredores. Jovens de boné, em trios ou grupos, fitavam as mocinhas de saia, também em turma. E as crianças circulavam por todos os ambientes, sob os olhares animados dos avós. Êta trem bão, sô!

## Espetáculos da natureza

O que é conhecido como Serra Gaúcha é só uma parte da serra propriamente dita. Além de Gramado, Canela e Nova Petrópolis, existe um trecho serrano do Rio Grande do Sul voltado, digamos, aos aventureiros. É para Cambará do Sul e São José dos Ausentes que vão os que querem conhecer dois parques nacionais, o Aparados da Serra e Itaimbezinho, com cânions, cachoeiras e trilhas. Esses parques já faziam parte da minha lista de destinos de sonho quando foram incluídos em meu roteiro de trabalho. Mal contive a empolgação.

As longas e pedregosas estradas de terra pareciam ter sido colocadas de propósito. Vencê-las exigiria um tempo necessário para me desligar da vida anterior, urbana e conhecida, e então descobrir um lugar mágico. E haja estrada... Até que, finalmente, alcancei os paredões de pedra com 900 metros de altura e quase 10 quilômetros de extensão. Um desbunde. Lá

CENÁRIOS INESQUECÍVEIS

na base das montanhas, riozinhos serpenteando, copas almofadadas de árvores e uma e outra chaminé de casas. O vento parecia me levar um pouco para lá, um pouco para cá, as nuvens se chocavam na minha frente, algumas vindas do céu, outras subindo pelos paredões. Para me deixar sem fôlego, o dia aparecia ensolarado emoldurando a vista – lá no fundo do horizonte – do litoral gaúcho. Um minuto depois, nuvens espessas encobriam tudo, umedeciam o ar e deixavam o vento ainda mais gelado. Os penhascos de pedra e o mar se escondiam. E o mesmo vento, alguns instantes mais tarde, levava as nuvens embora novamente para trazer outra paisagem, ainda mais iluminada. Um espetáculo.

Outro show me esperava, agora em Mato Grosso do Sul. Vesti a roupa de neoprene para manter a temperatura do corpo, coloquei máscara e snorkel, e caí no rio para fazer flutuação no Rio do Peixe, um passeio típico de Bonito. A idéia da flutuação é simples. Basta boiar (com a ajuda de coletes), deixar o corpo seguir a correnteza (sem bater o pé) e olhar para o fundo do rio. Um relax. E a paisagem por baixo da água é ainda mais linda do que fora: o rio é sinuoso, raso, transparente, e tem plantas pontudas, redondinhas, leves e de várias cores. Os peixes passam bem rente ao corpo, às vezes até dão um oi cutucando a pele. Há pirapitanga, pacu e dourado, todos grandes, coloridos e tranqüilos nadando em suas águas cristalinas.

Visual de quem encara a flutuação no Rio Sucuri.
Bonito – Mato Grosso do Sul

Era a primeira vez que fazia snorkelling em um rio. Já tinha visto os peixes no mar, com aquele movimento meio desconexo da correnteza e as partículas de areia boiando. Mas, em Bonito, a água doce e o leito de calcário, que leva os resíduos para o fundo, deixam os rios totalmente límpidos. E como são estreitos, não temos a sensação de estarmos soltos em um oceano, pois seguimos o fluxo das águas da cabeceira à foz.

Terminado o balé debaixo d'água, segui para o destino seguinte ainda com as mãos enrugadas. E lá fui eu para o Buraco das Araras, uma caverna sem tampo, que perdeu o teto naturalmente e virou literalmente um buraco com paredes de rocha. Esse ecossistema foi adotado pelas araras vermelhas, que aproveitam as fendas para construir seus ninhos. Outro show acabara de ocorrer: naquele momento, voavam plumas vermelhas pelos ares. Casais de araras berravam, faziam manobras, entravam e saíam de suas "casas", pousavam na árvore ao lado. Outros chegavam em seguida, cantarolavam uns acordes e seguiam seus movimentos. Era fim da tarde, hora de voltar aos ninhos. E o Sol, que também se recolhia naquele instante, escurecia gradualmente as cores vibrantes das penas. Inesquecível.

# Uma montanha para chamar de minha
## Por Cristina Capuano

Todo mundo quer ter uma porçãozinha de terra no mundo. Trata-se daquele velho sonho de construir uma cabana, para onde levar o amor e lá viver esquecido com ele pelo resto da vida. Normalmente, o pedaço do mundo no qual você pretende ficar velhinho, um dia, aparece abruptamente em uma viagem, sem você estar esperando. É uma montanha, uma beira de rio ou uma praia que, para você, parecerá diferente de todas as outras.

Foi assim comigo, no dia que sentei na escadaria do Passo (famosa depois do filme *O Pagador de Promessas*), no Centro Histórico de Salvador. Um dia me dei conta de que a viagem à Bahia tinha se transformado em vício. Era lá que eu tinha estado no último carnaval, no penúltimo reveillon e nos quatro últimos feriados do ano. Resolvi mudar a viagem. E, por um ano, larguei tudo para morar em Salvador e passar as férias em São Paulo.

De volta, apertou a saudade e a vontade de voltar a pensar no terreninho do meu futuro. Pelo menos, ele fica bem mais perto. Está me esperando no alto da Serra da Bocaina. Na primeira vez em que fui para esse pedaço de montanha entre o Rio de Janeiro e São Paulo, não tinha muito idéia do que encontraria pelo caminho. Por sorte, encontrei Zé Milton –

um guia convertido ao budismo e às belezas de sua terra nativa. Faz dez anos, mas eu lembro como se fosse hoje: o Zé me mandando ir primeiro na trilha para a Cachoeira da Esmeralda, o princípio do muito que conheceria com ele. A nuvem de borboletas amarelas na floresta, que despertavam com o estalo dos meus pés sobre folhas secas. O sorrisinho do Zé, atrás de mim, dizendo: "Não é a coisa mais linda que você já viu na vida?"

Anos depois, em um *off-road* no lado B da Bocaina, descobri o sertão. O acesso era por uma estrada de terra esburacada, a partir da cidade histórica de Bananal. Na minha primeira vez no sertão, o dia anoiteceu mais cedo do que eu e o fotógrafo que me acompanhava naquela reportagem prevíamos. Quando vimos uma seta vermelha, sem qualquer explicação, pendurada no tronco de uma árvore da floresta, arriscamos segui-la. Precisávamos de um pernoite e aquele poderia ser um caminho.

Era um caminho de terra cada vez mais estreito, com cheiro de mato, entre xaxins, palmitos e bromélias gigantes. O final da estradinha, duas setas vermelhas depois, era uma casa de montanha linda, em pedra e madeira escura. Um alemão alto e assustado atendeu a porta de pijamas, com um lampião na mão. Tentamos nos comunicar, sem êxito, e antes que todo mundo tivesse um troço apareceu o dono da pousada.

Walter Behr, que mais tarde se tornaria um amigo querido, nos deu abrigo. E mais: sentados em um deque, enrolados em cobertores, me deu a oportunidade de compartilhar com ele uma chuva de estrelas cadentes riscando o céu. Nunca tinha visto nada parecido, e nunca consegui assistir a outra chuva igual de novo. Ele já tinha visto, mas não com tantas estrelas. Elas surgiam a cada dois segundos, sem parar. Eu e Walter partilhamos a emoção em silêncio, para poder escutar o "zuuup" que as estrelas faziam. Nesse dia, deu o clique.

Vez ou outra, quando estou triste, fecho os olhos e sinto aquele cheiro de mato de novo. Quando eu morrer, que me enterrem na Serra da Bocaina. Mas até lá, compro meu terreninho na montanha.

São José do Barreiro,
Serra da Bocaina – São Paulo

# De tirar o fôlego

*Por Karina Greco*

Aventurar-me em esportes radicais era algo que não passava pela minha cabeça. Medrosa desde criancinha, ficava pálida só de ver meus irmãos brincando naqueles escorregadores imensos de parques de diversão. Imagine, então, descer uma cachoeira! Pois eu desci – e logo três! Acredite se quiser.

Estava em Brotas, uma famosa cidade de aventura no interior de São Paulo. Seria absurdo, como visitante e repórter de turismo, não experimentar algumas atrações. Esqueci a aflição diante dos escorregadores gigantes da infância e decidi encarar uma cachoeira. Estava com medo, não nego, mas a curiosidade era maior e me estimulou a encarar o desafio.

Quando cheguei ao local da aventura, havia antes um treinamento em uma plataforma de madeira. Participei dele tranqüilamente. Com as aproximadamente 30 pessoas do grupo, caminhamos até a cachoeira. Aproveitei para ficar na frente da fila, pois, se eu tivesse de esperar para descer, provavelmente desistiria. De cima, conseguia ver as primeiras pessoas chegando na parte de baixo da queda e meu coração quase saía pela boca. Aquelas cordas balançando de um lado para o outro... Fui a quarta aventureira a ser colocada em posição de descida. Quando senti meu corpo pendendo para trás, pesado, juro que pensei que dessa eu não passaria. Que medo de cair. Adrenalina! Pavor! Aos poucos, comecei a soltar minha corda, e experimentei uma sensação maravilhosa e diferente de tudo. Enxergar uma cachoeira de pertinho e sentir uma chuvinha leve batendo no rosto durante a descida foi simplesmente incrível! Nunca tinha estado tão perto assim da natureza. Depois do rapel na primeira cachoeira, fiz tirolesa na segunda, e a maior delas, de 42 metros, foi o fim do canyoning. Lá de cima, um abismo. Ao descer, liberdade!

Liberdade é exatamente o que senti ao ver uma imensidão de mar ao sobrevoar, na chegada, Fernando de Noronha – a ilha dos sonhos. Mar

Batismo no mar cristalino de Fernando de Noronha
Pernambuco

que mistura um verde-água e um azul-piscina de dar arrepios. Quando saí de São Paulo, todos tinham dito que eu tinha de mergulhar. "Nada como ser batizado naquele mar de cores incríveis", afirmavam os que já haviam estado lá. Mesmo com receio, encarei essa grande aventura. Foi meu primeiro mergulho de cilindro, minha primeira vez a pouco mais de 10 metros de profundidade. Outra experiência pela qual eu duvidava que um dia fosse passar. Ao cair na água, meu coração batia tão aceleradamente que quase não conseguia conter a rapidez da minha respiração. Aflição, ansiedade, não sei. Foram 30 minutos de mergulho que pareceram apenas cinco. Fiquei quase sem fôlego ao ver cardumes de peixes coloridos, polvos, arraias, e ao ouvir o estalar suave dos corais. Silêncio, aquela imensidão de azul, só escutando o barulhinho do vai-e-vem do ar da respiração pelo cilindro. Quando meu instrutor fez um gesto de que meu oxigênio estava acabando, eu não queria subir. Não tinha visto ainda um tubarão, puxa vida! Apenas no dia seguinte, de máscara, snorkel e pé-de-pato, fui dar de cara com um, na Baía do Sueste. Além dele, imensas e tranqüilas tartarugas.

A poeta Cecília Meirelles escreveu: "Liberdade, essa palavra que o sonho humano alimenta, que não há ninguém que explique e ninguém que não entenda." Continuo sem saber explicar, mas entender... Ah, como eu entendo bem!

# Quem me dera ter asas
*Por Sonia Xavier*

"Agora entramos no Maranhão", disse o barqueiro tirando-me do transe hipnótico em que me encontrava desde que saímos do Porto dos Tatus, em Ilha Grande de Santa Isabel, no Piauí, em 2003. Navegar pelo Delta do Rio Parnaíba foi uma volta às aulas de geografia. Eu tinha aprendido que aquele era o único delta das Américas em mar aberto e que tem esse nome por causa de sua forma de triângulo invertido. Desejava ter asas para ver, lá do alto, aquele emaranhado de ilhas e o barco que me levava. Queria apreciar o cabo de guerra pacífico tocado pelo ritmo das marés: ora o mar recua e o rio avança, ora o jogo muda e lá vai o mar empurrando o rio.

Estava no meio desse vai-e-vem de águas, passando por ilhas que guardam nuances únicas, a caminho da maior de todas: a Ilha do Caju. Foram 3h30 de barco para chegar até ela, mas a recompensa tornou-se inesquecível. Além da beleza do trajeto, encontrei no lugar paisagens que jamais vou esquecer e uma proximidade com animais belíssimos, como os guarás.

Raposa na Ilha do Caju – Maranhão

Passeio a cavalo também na Ilha do Caju – Maranhão

Acompanhei a revoada daquelas aves vermelhas e sedutoras enquanto curtia um tour a cavalo. A meu lado, tinha o Bal, um guia com olhar aguçado, "nascido e criado" na ilha, que me fez atravessar um riacho em que a água quase encobria a sela do cavalo. Uma passeio emocionante.

Em todos os meus anos como repórter de turismo, não faltaram momentos assim. O Brasil têm cenários tão deslumbrantes que nos atordoam a ponto de perdemos a coerência quando tentamos descrevê-los com palavras. Lembro-me de uma vez que quis contar para meu leitor a sensação que tive ao mergulhar nas águas cristalinas de Bonito (MS). Escrevi empolgada que a aventura de mergulhar naqueles rios nos fazia acreditar que estávamos voando ao lado dos peixes, que iam e vinham de todos os lados e nos observavam curiosos num grande céu aquático. Meu editor perguntou se eu havia tomado algum tipo de alucinógeno. Embora bem-humorado, ele disse que não poderia publicar um texto assim, pois parecia muito mais uma piração da minha cabeça. Ri, mas até hoje não achei uma definição melhor para aquela experiência. Assim como não pude definir como foi meu mergulho em Fernando de Noronha. Mais uma vez, voei debaixo d'água, só que daquela vez ouvi uma música suave. Não pude escrever sobre isso, mas ainda consigo escutar tal melodia e me lembrar da resistência em voltar ao barco (ou melhor, em "aterrissar" nele).

### País de encantos

Já passei por quase 90% das praias brasileiras. Esquadrinhei alguns milhares de quilômetros de nossa costa, me encantei com cada fluxo e refluxo da maré. Assim como me impressionei com o tamanho da praia do Cassino (RS), considerada por muitos a maior do mundo. A água não tem cor azulada, mas aquela imensidão de areia, sem morros ou outras divisões geográficas, em que o olhar se perde no infinito, é extasiante. Anos depois, cheguei à extremidade norte do litoral brasileiro. E lá descobri o doce prazer de desfrutar da Ponta do Mel (RN), um lugar onde o sertão encontra o mar e, por isso, propriedades rurais, carroças, cabras e jegues ficam a um passo do oceano. Num passeio pela costa, encontramos cavalos mecânicos sugando petróleo do chão e barcaças carregadas de sal indo para o porto. Tudo em plena harmonia. A terra vermelha do sertão despenca pelas falésias até as areias brancas litorâneas. Essa composição de cores, capaz de causar espanto a qualquer pintor impressionista, forma as Dunas do Rosado, um deserto à beira-mar constituído por bancos de areia cor-de-rosa – que, dependendo da posição do Sol, também ficam avermelhados.

Quem dera ter asas e ver todas as nuances de nosso litoral desde cima. Admirar também outras maravilhas geológicas, a exemplo dos cânions da região sul – o do Guartelá (PR) e o no de Aparados da Serra (RS). Sobrevoá-los, sentindo o vento no rosto e tomando parte em toda aquela magnitude. Eu, em minha pequenez de ser humano, diante de uma paisagem de gigantes. Benditas aulas de geografia! Teria sido melhor se pudesse tê-las agora e não naquela época onde meu conhecimento de Brasil era tão escasso...

E, quando eu quisesse descansar um pouco do meu vôo, aterrissaria naqueles recantos do país em que, se pudesse, viveria com prazer. Que o diga a Ponta do Corumbau (BA), onde encontrei uma casa simples, com varanda, duas redes brancas de doer a vista e um casal jogado nelas. Observei aquela calmaria toda desde a janela do carro, em silêncio. Invejei loucamente aquela vida. E a música da Bethânia virou tema para o momento de sonho: "Felicidade é uma casinha simplesinha,/ com gerânios em flor na janela,/ uma rede de malha branquinha/ e nós dois a sonhar dentro dela...".

A Bahia, aliás, é meu estado de origem. Nasci na região da Chapada Diamantina, lugar de beleza cênica. Montanhas por todos os lados e cachoeiras escorregando pelos paredões, virando fumaça antes de tocar o chão. Sem contar a vegetação: o cerrado, com suas árvores de troncos grosseiros que se transformam quando a chuva cai. O seco cerrado, o cerrado que se incendeia mas que se torna capaz de gerar flores em tons intensos logo que as primeiras gotas d'água caem do céu. É a vida pura, despojada e sem rodeios, sensível e florida. Autêntica. É a vida real, expressada pela natureza. Sou dessa região, sei do que falo, porque também sou assim.

As águas inesquecíveis da Praia do Sancho. Fernando de Noronha – Pernambuco

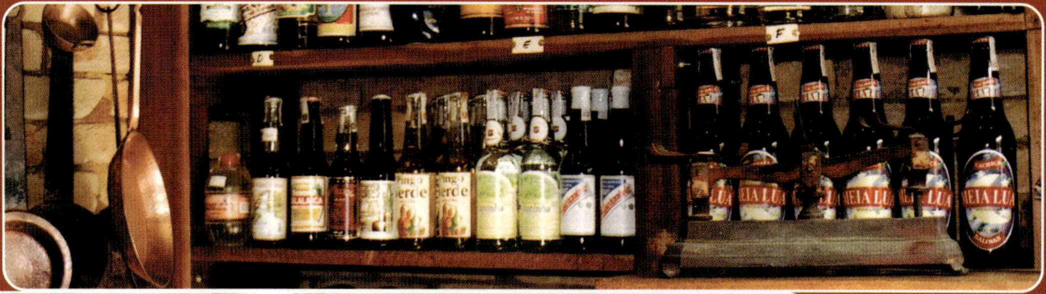
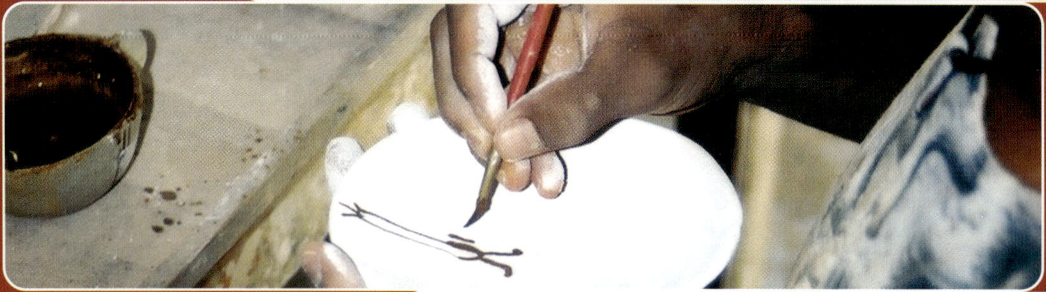
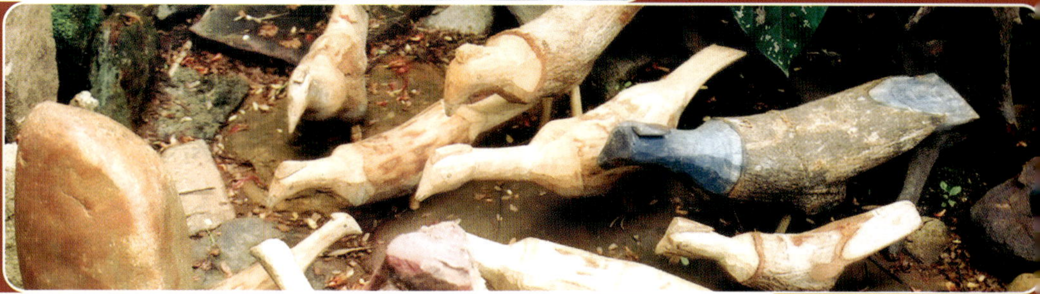
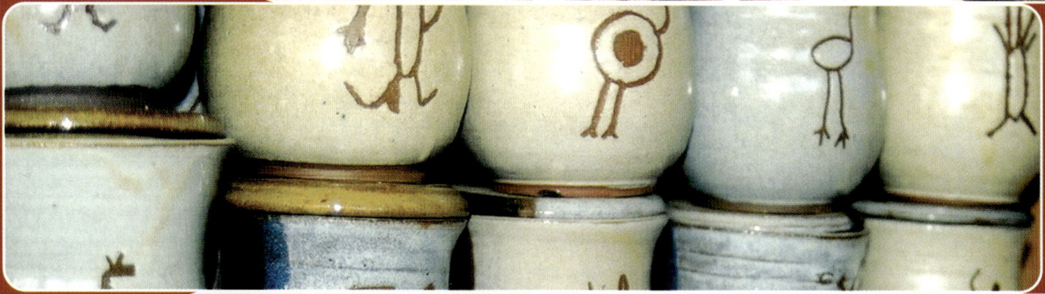
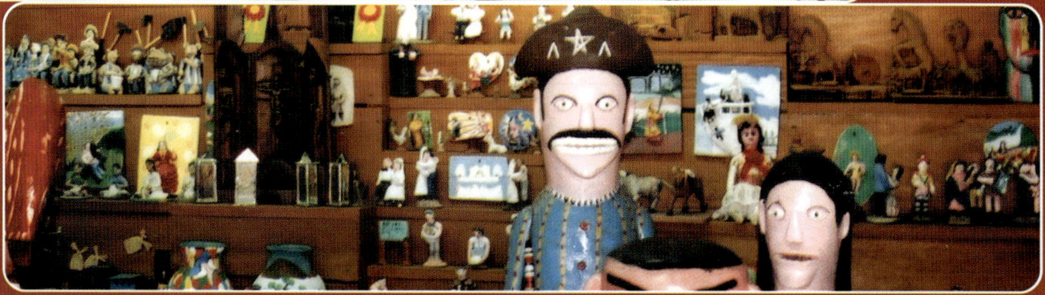

Fotos: Sonia Xavier

# 9
## Made in Brazil

# Pecadilhos deliciosos

*Por Alexandra Gonsalez*

Sou a mulher mais anticonsumista que eu conheço. Adoro namorar vitrines, mas dificilmente ponho a mão no bolso. Nem tanto por uma questão de pão-durismo, mas sim porque, na hora de decidir, fico pensando se realmente preciso daquilo, se a cor está boa, se combina comigo ou com outras coisas que tenho em casa. Várias vezes desisti da compra já no caixa... Enfim, devo ser odiada por vendedores de todos os estados.

Porém, minha fraqueza são as guloseimas. Quando meu roteiro passava por Minas Gerais ou Goiás, trazia na bagagem de volta farto carregamento de biscoitinhos, doces de leite e compotas de frutas das mais variadas. Saía das fazendas e lojas especializadas quase aos prantos, por não poder levar os deliciosos queijos frescos, pois não resistiriam à viagem para casa.

Roteiros para o Nordeste significavam um estoque considerável de rapadura e bolos-de-rolo para amigos e família. E dá-lhe doce de jaca, o preferido do meu pai e meu também. Ok, uma vez ali não resistia e comprava as belíssimas rendas de filé ou de bilro a preços inimagináveis de bons. E o que dizer do psicodélico (e, na minha opinião, delicioso) rosa-choque do guaraná Jesus, típico do Maranhão? Até hoje quem vai para lá é intimado a me trazer pelo menos duas latinhas.

Às vezes, acabava comprando alguma cachaça ou licor de frutas, mas nada que se compare aos conhecimentos etílicos da Sonia. Em certo roteiro, acabamos nos encontrando em Andradas (MG). Ela já havia percorrido metade de Minas e, a cada parada, adquirido a caninha local. Nessa cidade, procuramos algumas especialidades de Salinas. Eu comprei duas garrafas. Sonia, umas oito. Ao ajudá-la a carregar as garrafas até o carro, notei que quase todo o porta-malas e boa parte do banco de trás estavam ocupados. O carro parecia um bar móvel. Por sorte, nenhum policial nos parou. Dificilmente conseguiríamos convencer alguém de que aquele alambique ambulante era resultado de encomendas de parentes e amigos.

Posso contar nos dedos de uma só mão as vezes em que perdi meu controle zen e saí carregada de sacolas. Uma delas foi na loja de bolsas de Gilson Martins, em Ipanema, no Rio de Janeiro. Impossível resistir ao design extremamente original daqueles produtos. A outra foi numa fábrica de cristais em Poços de Caldas (MG), onde só não comprei mais porque o limite do cartão de crédito estourou. Na cidade de Cabo Frio (RJ), também me esbaldei na Rua dos Biquínis, onde mais de 20 lojas vendem peças de todos os tipos e preços. Ali, cheguei a me engalfinhar com outra compradora na disputa de um belíssimo biquíni azul-turquesa por apenas 10 reais. Uso ele até hoje.

Cachaças mineiras compradas em Andradas - Minas Gerais

MADE IN BRAZIL

# Objetos dos sonhos
Por Beatriz Santomauro

Não ligo muito para roupa, CD ou livro. Gosto de tê-los, mas não necessariamente de comprá-los com freqüência. Porém, quando encontro um acessório para casa, uma lembrança muito típica daquele lugar ou situação, é difícil resistir. Gosto de encher o apartamento com as marcas de tudo quanto é lugar e, quem sabe um dia, ter ao menos uma bugiganga de cada canto do nosso país.

A mini-araucária de São Francisco de Paula, Rio Grande do Sul, já estava na minha lista de compras desde que um colega de trabalho trouxe uma de 40 cm de altura no avião – e acomodou-a no banco ao lado, já que era muito desajeitado ficar segurando uma árvore daquelas. Anos depois fui à Serra Gaúcha já sabendo que uma araucária seria minha. Não queria uma muito grande, mas um pequeno exemplar teria de vir para São Paulo de qualquer jeito. Entrei na loja, uma garagem perto da entrada da cidade, e vi daquelas árvores por todos os lados – as menores com 8 centímetros. Eram feitas a mão por Dedé, um apaixonado pela espécie, que também se encarregava da venda: para imitar o tronco é usado o ipê-amarelo; nos galhos, a madeira caraguatá. O formato das folhas varia a cada árvore, como seria na natureza e como é no artesanato. Eram lindas, só faltavam crescer e dar pinhão. Para a embalagem ser resistente à viagem, são usadas garrafas PET cortadas, que ficam firmes e mantêm o formato da árvore. Agüentaram chuva e Sol até chegar em casa. Deu vontade até de regar para ver se elas reagiam e surpreendiam.

Outro sonho de consumo veio de São Bento do Sapucaí, interior de São Paulo. Só não comprei mais objetos do escultor Ditinho Joana para não gastar muito, porque vontade não faltou. Mas saí de lá com a sua marca registrada: a bota surrada do homem do campo, que já vem com remendos na sola, a aparência de muito uso e um furo junto do dedão. Tem uns 15 centímetros de altura e é esculpida em jacarandá, mas de tão fiel ao original parece ser feita mesmo em couro. Seu Ditinho me explicou de onde vem sua inspiração: encontra a madeira morta na natureza para lhe devolver a vida nas esculturas.

Madeira que vira arte nas mãos do escultor Ditinho Joana. São Bento do Sapucaí – São Paulo

95

### As comidinhas

Rezei para que as geléias agüentassem o calor. Mas deu tudo certo: fiz a compra em A Senhora das Especiarias, em Gonçalves (MG), e carreguei geléias para a família toda: alfazema, hibisco, chocolate com laranja... Aqueles sabores exóticos foram preparados para acompanhar pratos ou fazer parte das receitas deles, e por isso eram tão diferentes das geléias doces que conhecemos. Fiquei encantada. A paixão das duas idealizadoras da marca, que largaram tudo na capital paulista para viver a arriscada e prazerosa atividade de criar gostosuras, somada à visita à mini-fábrica em atividade, tornou as geléias ainda mais atraentes.

Entre tantas muambas que viraram preciosidades, como a granola de Floripa, o sagu de Porto Alegre, o bolo-de-rolo de Recife, a bala de banana de Morretes (PR) e o guaraná em pó do Pantanal, as cocadas baianas dão água na boca até hoje. Uma veio de Morro de São Paulo: pedaços substanciosos de coco ralado, doce saboroso na medida, camadinha crocante e firme por fora, um recheio macio e bem úmido por dentro. Daquelas de babar. Mas tinha que levar algumas para casa e traçar mais uma vez. Então, bolei um esquemão: embrulhei-as reforçadamente com papel alumínio, depois com um saco plástico, mais um nozinho e, pronto, foram delicadamente para a bolsa. E renderam suspiros de quem as provou.

Outra cocada memorável veio de Porto Seguro. No caminho para o aeroporto, já de volta para casa, fiz um pit stop no bairro da Cidade Alta para experimentar os sucos encorpados de manga e a cocada queimada, levemente amarga, mas totalmente deliciosa. Irresistível, molinha e com um sabor que combinou com a despedida do solo baiano.

A irresistível atração pelos artesanatos regionais

# Ouro feito à mão

*Por Cristina Capuano*

Tem gente que coleciona borboleta. Gibi. Moeda. Desde que comecei a rodar o Brasil, também tenho minha coleção: artesanato. É só pisar em casa para perceber. Minha primeira defesa ao consumo dos produtos brasucas *hand made* é que se trata de um ato socialmente responsável. A gente ajuda a conservar a cultura de uma comunidade. E ainda dá oportunidade de renda aos que moram nela. A bem da verdade, essa também é uma boa desculpa para o nosso consumismo desenfreado.

Percebi isso quando saí de Recife em direção ao Alto do Moura, bairro próximo a

Caruaru (PE), só para adquirir meu Lampião "gordinho", assinado por Luiz Galdino. Tudo estava uma pechincha, pensei, e eu não resisti à banda de pífanos, ao grupo completo de maracatu e às quatro xilogravuras de J. Borges. A esteira do aeroporto apitou: excesso de bagagem.

O que mais encanta na busca pelo artesanato, no entanto, é que cada um deles traz, consigo, uma lembrança de viagem. No Jalapão, em Tocantins, cheguei ao povoado de Mumbuca para comprar cestas, bolsas, chapéus e pulseiras. Encontrei mais: um grupo de mulheres quilombolas preciosas, de uma simplicidade arrebatadora. A matrona é Dona Miúda, de batismo Guilhermina da Silva, que começou a tecer o capim dourado aos 12 anos. Sete décadas depois, ainda na ativa, partilha o conhecimento. É o capim dourado que sustenta filhos, netos, bisnetos.

O trabalho das mulheres do Jalapão também encanta pela delicadeza: é arte sazonal, já que o capim só adquire seu efeito reluzente durante dois meses do ano. As hastes finas, as flores pequeninas, podem até passar despercebidas nas savanas do Tocantins. Em setembro, no entanto, homens e crianças juntam-se às mulheres e se dedicam à arte de recolher o capim. E no resto do ano, elas se empenham na arte de tecê-lo.

Foi triste ver, em uma das lojinhas da comunidade, um casal de comerciantes de Palmas (a capital do estado), reclamando de forma desrespeitosa quanto aos preços inflacionados do artesanato em capim dourado. Junto com as quilombolas, envergonhada, eu assistia ao espetáculo do casal que jogava as peças no chão, dizendo que não voltariam mais para fazer negócio. As mulheres sabiam que mais tarde eles acabariam voltando, para depois revender suas peças cinco vezes mais caras. Mas sabiam também que aquele mato trouxera um valor ainda maior: a auto-estima. E esta não estava mais à venda.

# Mala extra

*Por Karina Greco*

Descobri logo na primeira viagem: teria sempre de carregar uma mala extra para as comprinhas feitas ao longo da jornada. Impossível viajar pelo Brasil e não querer carregar artesanato, roupas, utilidades para a casa, cachaça de alambique, vinhos, doces em compotas, uma sandalinha nova para aliviar o pé cansado, bolsas. Nos últimos dias de viagem, ficava deprimida, um tanto pelo cansaço, um tanto pela saudade. E a qual remédio eu apelava? Fazer compras.

Como era parte do trabalho não só visitar as atrações turísticas de uma cidade mas também descobrir onde adquirir bons suveníres locais, acabava sucumbindo à tentação. Costumava pedir indicações das lembrancinhas e presentes típicos no hotel, num dos restaurantes testados, ou no centro de turismo da região, quando havia. Era essa a etapa mais relaxante das viagens.

Hoje, minha casa está cheia de memórias concretas de todos os lugares por que passei em minha vida. Consigo sentir de novo aqueles momentos tão marcantes. Cada suvenir é uma parte da saudade que sinto por cada cantinho. Lembro-me do calor escaldante que fazia no dia em que comprei minha cortina de algodão colorido na Casa de Cultura do Recife. Da sensação de liberdade e da pele morena em Fernando de Noronha ao ver minhas canecas do Projeto Tamar. Do passeio pelo rio, no final da tarde, em João Pessoa (PB), ao olhar para o peixe-boi de pelúcia que trouxe da visita ao projeto homônimo. Da noite agradável e nostálgica da caminhada com os cancioneiros, numa serenata noturna, olhando para o pequeno boneco de papel-machê de Conservatória, no Rio. Das ruas largas e das feirinhas de rua de Manaus quando vejo as miniaturas de bicho-preguiça feitos por índios e os colares de açaí. E minha geladeira está cheia de ímãs – um jacaré do Pantanal, dois cangaceiros do Nordeste, as casinhas tipicamente européias de Blumenau (SC).

Espaço na mala: era do que eu precisava ao fim de cada jornada. Pois essas comprinhas nem sempre cabem no bolso ou dentro de casa, mas dá-se um jeito. Até agora ainda luto para encontrar um cantinho vazio para as "quinquilharias" de viagem que ainda não consigo deixar à vista. Essa é uma tarefa ainda mais difícil. Mas vale a pena!

Casa de Cultura do Recife – Pernambuco

# Haja porta-malas!

*Por Sonia Xavier*

A diversidade artesanal brasileira transforma nosso país em um enorme shopping a céu aberto. É quase impossível uma mulher conter seus impulsos consumistas ao cruzar com uma simples feirinha de artesanato. Não dá para sair sem ao menos levar um par de brincos de sementes nativas ou até mesmo aquela canga pintada à mão (para se juntar às outras tantas que empilhamos na gaveta). Comigo não é diferente. Resisti bravamente às camisetas em *silk*, mas caí de amores pelas bijuterias, roupas, bebidas, cerâmicas, esculturas e tudo mais com o que topei pela frente.

Houve uma época em que minha casa estava ficando com ares de galeria de arte regional. Juntei parte do meu acervo e guardei-o em caixas organizadoras para quando tiver um espaço maior. Expostos estão apenas meus peixes. Dezenas deles, liderados por muitos golfinhos. Há de cristal de Poços de Caldas (MG), pintados em casca de laranja de Fernando de Noronha, em pedra-sabão de Ouro Preto (MG), em cerâmica marajoara de Icoaraci (PA), esculpidos em madeira por uma artesã cega de Petrolina (PE) que se chama Luz Divina – sempre me emociono ao tocar nesses golfinhos e me surpreender com o capricho de suas formas... Enfim, mais de uma dezena.

Lembro-me de ter encomendado no mercado municipal de Penedo (AL), em 2001, uma lindíssima blusa de fuxicos (umas bolotinhas coloridas, feitas em tecido e costuradas uma a uma). Depois fui conhecer a foz do Rio São Francisco e, quando voltei, lá estava minha desejada blusa. Como não é fácil produzir uma peça dessas, descobri que a artesã desfez um vestido só para satisfazer minha gana consumista.

Em Pontal da Barra, também em Alagoas, fiquei encantada com o filé. Trata-se de uma renda feita com agulha e linha sobre uma grade de madeira. Aquelas mulheres são tão ágeis que, enquanto passam a linha de lá para cá, amamentam seus filhos, conversam com as vizinhas... Vivem no compasso da costura. Mas, para mim, as campeãs em destreza manual são as artesãs de renda de bilro. Brincam com todos aqueles bilros (objetos parecidos com baquetas feitos em madeira e com uma bolota na ponta), jogando-os de um lado a outro, às vezes sem olhar. Impressionante! Em Ilha Grande de Santa Isabel (MA), fiquei um tempão tentando aprender e nada. É quase como se fosse um dom genético. Eu não o tenho. No Ceará, então... Perdi-me em rendas e bordados. Ao rodar pelo litoral cearense, torna-se inevitável topar com algum centro de artesanato, onde a renda lidera absoluta.

Em Tiradentes (MG), comprei lamparinas de quase um metro. Tinham a forma de rosas e estavam presas a barras de ferro. Não eram peças fáceis de carregar e fui obrigada a comprar uma briga no aeroporto para conseguir despachá-las. A atendente queria me convencer que eram armas. E eu, por minha vez, convencê-la de que eram "lindas" rosas, só isso! Cansada, ela mandou enrolar tudo em plástico-bolha e disse que não garantiria a chegada dos objetos em São Paulo. Mas minhas rosas gigantes vieram. Estão em casa até hoje, iluminando meus suspiros de saudade.

Arte de fazer filé, a renda de Pontal da Barra - Alagoas

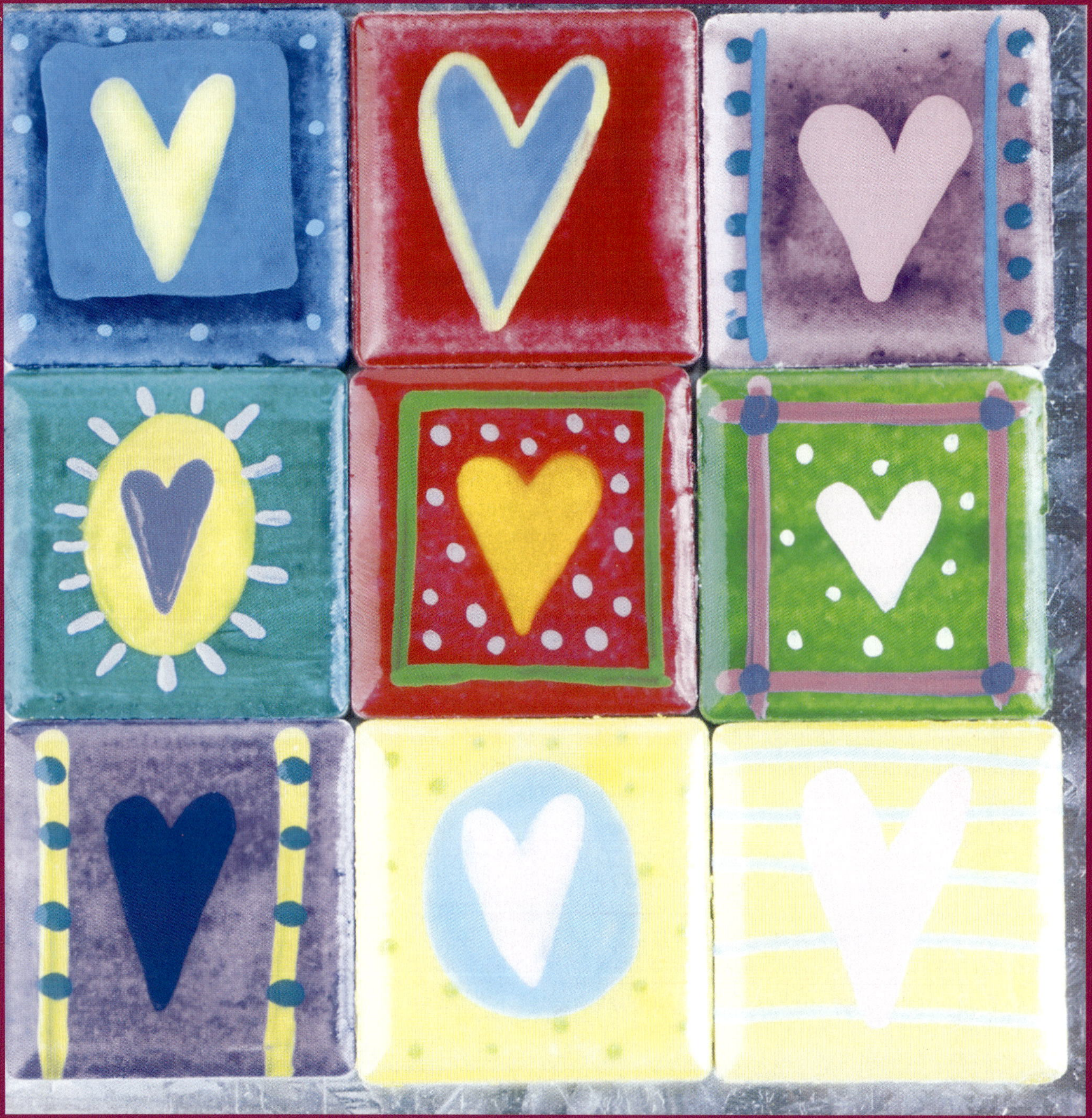

Banco de Imagens

# 10
## Paquera e romance

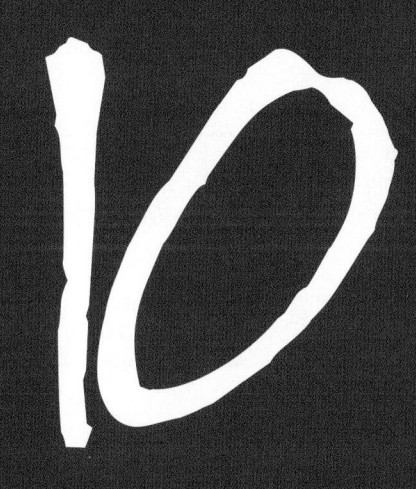

## Vida de casada
### Por Alexandra Gonsalez

Noite de sábado, um calor gostoso no Rio de Janeiro, e o Cipriani, restaurante do luxuoso hotel Copacabana Palace, reservado. Para dois. Depois de duas semanas de viagem, meu marido, Arnaldo, viria me encontrar na metade do roteiro e juntos desfrutaríamos as delícias de um fim de semana quase típico para um casal. Na mesa, além das taças de espumantes e de pratos deliciosos, um discreto palm top descansava junto à toalha de linho. Incomum, mas não menos romântico; afinal, jantar no Cipriani, com vista para a piscina iluminada, é sempre mágico. E assim, com encontros a cada quinze dias, renovávamos o romance de nosso casamento, que já havia completado quase quatro anos quando comecei com essa vida de "caminhoneira".

Arnaldo Sarasá em Genipabu – Rio Grande do Norte

Nem sempre meu marido conseguia viajar na metade dos meus roteiros. Ou estava longe demais para um encontro de fim de semana, ou o tempo era apertado para ele também. Mas dávamos um jeito. É claro que nem todos os lugares eram tão interessantes quanto o Rio, contudo tinha uma tática certeira, independentemente do destino: deixava para testar os melhores hotéis e restaurantes quando ele chegasse, mesmo que isso significasse jantar no supra-sumo de Uberaba (MG), ou nos hospedarmos numa pousadinha bem turística de Rio das Ostras (RJ). E assim partíamos juntos para praias, montanhas e fazendas, como um casal qualquer – com a diferença que eu não largava nunca o computador ou o mapa. Duro mesmo era o *day after* desses encontros ocasionais. Depois que ele ia embora, eu ficava num canto, chorando bastante. E chorava mais ainda quando ele não podia viajar ao meu encontro, mas nunca dei o braço a torcer.

Se tivemos problemas graças a essa rotina insana de viagens? Claro que sim, alguns bem complicados. Mas qual casal não enfrenta problemas? Embora distante, eu estava feliz da vida trabalhando no que gostava, e sempre voltava melhor e renovada para casa. Podia demorar um pouco, mas sempre voltava. E aqui estamos nós, até hoje.

PAQUERA E ROMANCE

# Viagens-cupido
*Por Beatriz Santomauro*

Era janeiro. Fazia um mês que tinha voltado da viagem de ano-novo, aquela em que nos conhecemos. A paixão estava só começando, mas acabaram as férias e eu parti para mais uma jornada a trabalho, dessa vez pelo interior de São Paulo.

Porém, o amor não podia esperar trinta dias até a minha volta: conseguimos planejar um encontro no fim de semana na metade do meu roteiro. Naquele sábado de manhã, o bem-vindo visitante chegou a Jundiaí. A cidade não era romântica; e o programa que faríamos juntos, ainda menos glamouroso. Conheceríamos a emocionante Festa da Uva e da Goiaba! Seria quase uma prova de amor, pensei. Estacionamos o carro, atravessamos metade da avenida, paramos no canteiro central para esperar o momento de seguir andando. Foi então que fiz uma (sem necessidade) investida, daquelas de encostar na parede (ou encurralar no trânsito), olhando fundo nos olhos: "Você quer namorar comigo?" O coitado, sem menor chance de escolha, aceitou. E os carros, como se comemorassem conosco, passavam em disparada em nossa frente e atrás de nós.

Depois da aliança feita, o namoro evoluiu e, poucos anos mais tarde, virou casamento, mas nos encontramos ainda algumas outras vezes na estrada. Conversávamos diariamente pelo telefone, e eu adorava chegar no hotel à noite e receber um recado dizendo que ele tinha ligado. A rotina era dura na viagem. E, para nos vermos, também precisava coincidir com a disponibilidade dele em poder fugir de seus compromissos cotidianos. Mas Florianópolis (SC), Curitiba (PR), São Vicente, São Roque e Nazaré Paulista (SP) entraram em nosso histórico de viagens a trabalho juntos. Enquanto eu fazia uma anotação aqui ou ali, ele lia um livro ou um jornal. Enquanto eu decidia para onde devíamos ir, ele arrumava o porta-malas. Na hora de descobrir o caminho para lugares desconhecidos, tinha um belo ajudante com mapa nas mãos. E, na hora de dormir, um colo bem macio para me abraçar.

Encontro romântico na Festa da Uva e da Goiaba, Jundiaí – São Paulo

# Nuvem e eu

*Por Cristina Capuano*

Eu tinha acabado de comprar o Nuvem. É um Fusquinha 70, azul diamante, com o volante branco e as calotas luminosas. Dez mil quilômetros rodados. E duas pestanas, sobre os faróis olho-de-boi. "Ele agüenta?", perguntei para o Guido, o mecânico da Mooca que eu adotei como meu. Ele sorriu, imaginando o que de tão bom eu ia fazer em Belo Horizonte, a seiscentos quilômetros dali. Seu Guido deve ter percebido, claro que deve, só pelo brilho nos olhos. Mas não disse nada, além das recomendações. "Vai devagar. Uma lixa de unha para o platinado, que não está muito bom. Água gelada e um pano, se ele parar você coloca na vela que resolve. E olha o óleo, antes de ir, para não fundir o motor." E fui.

Ele era um pernambucano de Sete Lagoas (MG). Ou um mineiro que morou muito tempo em Recife, então misturou os dois sotaques que nos meus ouvidos soava como um barulhinho bem bom. Na estrada, eu me recordava daquele show do Lenine, ele comendo brigadeiro – olha o que a gente vai lembrar. E a moça do lado, fula da vida. E os dois atrás de mim. Depois o encontro, ele sem ela, ele sem graça, eu também. "Não conseguia parar de olhar para você." Começou.

Se uma viagem para Minas Gerais dura sete horas, a minha levou quase dez. Eu não podia ter pressa, então saboreava a manhã, aquele vento da janela e do quebra-vento, que o deixa mais forte ainda. Seguia pela direita, obedecendo ao meu lado certinho, e imaginava o que iria acontecer quando eu chegasse lá, no final da linha sobre o asfalto. Não acredito que teve coragem, eu falava, sozinha, para o meu lado sem noção.

A gente se olhou naquele dia do show do Lenine e não se desgrudou mais. Foi assim. Aí eu voltei para São Paulo. Ele voltou para BH. E ficou aquela coisa, manda e-mail, manda mensagem, fala no telefone até ficar sem assunto. E aqueles olhos meus, olhos seus, que tentavam descobrir o que tinha no fundo dos olhos seus, olhos meus. Era tudo uma delícia. E ainda tinha Jó, seu irmão que virou meu irmão. E tinha a plantinha que ele adorava, e que um dia pegou fogo enquanto eu estava dormindo, e cujos galhos capengas a gente tentou consertar com esparadrapo, mas não deu. Foi quando eu vi que, para ele, estava igual. Porque ele ficou triste, de verdade, mas fingiu que não tinha ficado. E aí me chamou para assistir a um filme e comer pão de queijo da Dona Lurdes. Esse dia, assistindo a filme no DVD e de moletom, é que deu o clique. Eu estava apaixonada, e agora?, estava achando tudo lindo. Ele era lindo, como era. E aquele barulhinho, peloamordedeus.

E o fusca parou. Mas foi só uma vez. Estava do lado do posto de gasolina, sorte.

Nuvem e Cristina em São Paulo

O moço que teve um Fusca 67 ajudou. Água gelada. Passou.

Eu e Nuvem chegamos intactos a Belo Horizonte. Conhecemos, juntos, quase todos os botecos da cidade. Fomos a outros tantos shows. Rodamos com os meninos pra cima e pra baixo, passamos tardes felizes na Praça da Liberdade, ali do ladinho dos outros tantos cineminhas do Belas Artes. Fomos felizes, o mineiro, Nuvem e eu. Enquanto durou. Eu voltei, sem maiores prejuízos. Passou um vento e, com ele, o mineiro se foi. Ficou o carinho dos dias de pão de queijo. E Nuvem, o fusquinha, com seu barulhinho bom.

## Ah, se meu namorado...

*Por Karina Greco*

Quando comecei a viajar, eu namorava já havia quatro anos. Como uma mulher praticamente casada, não dava a menor atenção a cantadas ou abordagens de engraçadinhos. Morria de saudade do meu namorado e, no início, pensava que a distância ia ser dolorida demais. Aos poucos, me acostumei. E ele também.

Mesmo com uma postura discreta, era impossível não chamar a atenção. Uma mulher viajando sozinha passa a impressão de estar solitária. Ou de ser descomprometida. E, nas proximidades de uma garota sem acompanhante, há sempre um homem que se sente na obrigação de, pelo menos, se achegar.

Mas eu tinha minha tática. Primeiro, meus companheiros de todas as refeições eram o computador e um livro. Mulher ocupada, é claro. Obviamente havia aquele que não se intimidava com esses obstáculos. Acercava-se com o papinho furado de sempre: "Querendo companhia?", ou alguma de suas variações. "Não, obrigada, gostaria mesmo de terminar esse livro", era minha primeira tentativa para espantar os engraçadinhos (mesmo que já tivesse lido e relido a tal obra durante a viagem). Na maioria das vezes, funcionava. Porém, em momentos excepcionais, eu precisava apelar para o plano B, infalível.

Num dia de muito calor, em Cuiabá (MT), fui experimentar uma peixada famosa. Entrei no restaurante lotado e pedi mesa para uma pessoa. O garçom logo perguntou: "Sozinha?" Para não ser mal-educada, acenei que sim com a cabeça e dei aquele sorrisinho amarelo, porque logo entendi as intenções dele, estampadas em seu rosto. Acomodei-me e pedi o prato. Ao retornar com a bebida, o rapaz parou na minha mesa e desatou a falar. Só faltou puxar uma cadeira e se sentar. Meio brava, só esperei a primeira oportunidade para soltar

Declaração de amor na areia da Barra de Tabatinga, Natal – Rio Grande do Norte

minha frase afasta-engraçadinhos: "Ah! Meu namorado pensa a mesma coisa." Com o papo de "meu namorado isso", "meu namorado aquilo", geralmente a conversa deixava de ser atraente para os rapazes. E pronto! Era assim que eu me via livre de qualquer situação comprometedora.

Só que o garçom não se fez de rogado. Longe dos olhos, longe do coração, deve ter pensado a meu respeito. Paguei a conta e, quando estava deixando o restaurante, o rapaz correu atrás de mim e me estendeu seu cartão com o telefone. Que petulante! Nem preciso descrever minha cara de aborrecimento. Na primeira oportunidade, joguei o papel no lixo. Na hora, não gostei nada da situação – quer dizer que minha frase-espantalho não havia funcionado? –, mas depois essa história ficou engraçada.

E segui viajando sozinha, com meu livro guarda-costas, enquanto suspirava de saudade do meu amor nas visitas às lindas pousadas, nos testes em restaurantes românticos e durante passeios diferentes em lugares muito especiais. Mantinha na ponta da língua: "Se meu namorado estivesse aqui..."

## Lembranças de Belém

*Por Sonia Xavier*

No tempo em que estudava, recebia um incentivo especial do meu pai sempre que passava de ano. Eram presentes mais valiosos do que brinquedos ou roupas. Quando entrei na faculdade, não foi diferente, ele me deixou escolher uma viagem.

— Quero ir para Belém e conhecer a Amazônia – falei.

Era um presente incomum, mas meu pai tinha amigos lá, então ficou fácil a logística. Ele me acompanharia. O primeiro ano de estudo passou e, em minhas primeiras férias como universitária, parti para Castanhal, cidade a uns 70 quilômetros de Belém (PA). A família que me recebeu era muito amável e logo fui adotada por todos. Meu pai voltou para São Paulo uma semana depois, mas eu continuei por lá. Em Belém, fiquei encantada com as avenidas Governador José Malcher e Nazaré, sombreadas pelas enormes mangueiras. Guardo em minha memória olfativa os cheiros das frutas do Mercado Ver-o-Peso. E, na gustativa, os sabores do tacacá, do frango com tucupi, do peixe frito e do açaí. Era uma terra que me aguçava os sentidos, me enchia de sensações.

Fiz amigos em Castanhal. Íamos para os igarapés, para a Praia dos Amores, para todos os cantos que podíamos. Quando já estava há mais de um mês naquela região, decidi que não

PAQUERA E ROMANCE

voltaria mais para São Paulo. Poderia transferir minha faculdade para Belém e seria feliz para sempre naquela terra. Estava decidida, porém minha família não se convenceu com meus argumentos. Depois de muitos telefonemas e insistências do lado de lá, cedi. Foi duro partir. Quando entrei no ônibus (sim, o corte de verba para as férias foi um argumento convincente que meu pai utilizou), estava aos prantos. Era madrugada, e minha partida ficava ainda mais triste, mais cinza. Sentei emburrada em minha poltrona, abri a cortina e dei adeus a Castanhal. Ainda de madrugada, entre um soluço e outro, notei que a pessoa do banco da frente me observava pelo espaço entre uma cadeira e outra. Nem dei bola, estava triste e queria ficar ali, no meu canto, quieta. Na primeira parada, desci. Caminhei de um lado ao outro do pequeno terminal, ainda inconformada. Na volta para o ônibus, cruzei com um dos passageiros – o rapaz da frente –, que me abriu um sorriso doce. Minha resposta foi sem graça.

Sentei no meu lugar e peguei um livro de Carlos Drummond de Andrade para inibir qualquer tentativa do meu vizinho de poltrona de se aproximar. Não teve jeito.

— Você está bem? – ele me perguntou, esticando a cabeça em minha direção.

— Estou – respondi secamente e voltei minha atenção para o livro. Foi pior, pois ele perguntou o que eu estava lendo. Mostrei, ele elogiou.

Aí me contou que sempre vinha para Belém, que adorava o lugar. Pronto, ele tinha conseguido prender minha atenção. Começamos a conversar sobre os lugares por onde passamos, as comidas, as pessoas, os igarapés. A noite voou. Amanheceu, e o Michel (esse era seu nome) estava sentado ao meu lado. Assim viajamos três dias: lado a lado. Michel me entretinha, me fazia rir com suas brincadeiras e sempre me provocava, querendo que eu o olhasse fixamente por algum tempo. Eu sempre tentava desviar o olhar para não deixar óbvia a atração que sentia por aquele garoto. Não sei se me apaixonei ainda na viagem, mas anos depois estávamos namorando, eu e o Michel, meu companheiro do trajeto entre Belém e São Paulo. O namoro foi tranqüilo. Da mesma maneira suave com que apareceu, ele se foi. Voltei para Belém outras duas vezes. Em todas, sentia o sabor doce do namoro da época de faculdade. As mangueiras enormes continuavam lá, lindas e protetoras. Ainda tenho os aromas da cidade em minha mente, assim como o olhar esverdeado de Michel me fazendo sorrir.

Vitórias-régias em Belém - Pará

Banco de Imagens

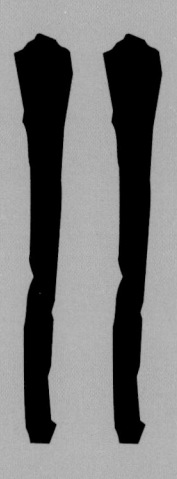

**Trilha sonora e outras histórias**

# Sem perder a classe

## Por Alexandra Gonsalez

"Levanta, sacode a poeira, dá a volta por cima..." Depois daquela tarde ensolarada na praia do Arpoador, no Rio, entendi exatamente o significado desse verso. Após muito correr naquela primeira semana carioca em 2003, decidi aproveitar o meio dia de folga que me restava: vesti meu biquíni e fui tomar sol. Escolhi o Arpoador de maneira aleatória. Todo mundo falava do pôr-do-sol dali, então resolvi chegar bem mais cedo e me estirar na areia até a Lua despontar. Achei estranho aquele monte de surfistas entre as crianças e a moçada que circulava com seus lindos cães de raça – afinal, as ondas nem eram assim tão altas.

Estendi minha canga, comprei um providencial pacote de "bishhhcoito" Globo com um sacolé de groselha e fiquei tostando. Até que bateu aquela vontade de dar um mergulho. "Humm, praia de tombo", pensei, depois de dar dois passos mar adentro e a água quase bater na minha cintura. Nadei para cá e para lá, tudo lindo e maravilhoso. Subitamente, enquanto me preparava para sair, todos os surfistas dispararam rumo ao mar. A maré mudou justo naquela hora e o mar razoavelmente calmo transformou-se em uma seqüência considerável de ondas.

A primeira delas arrebentou em minha cabeça e, zombeteira, me jogou quase na barra da areia para logo me puxar de volta. Fiquei embolada nesse estica-e-puxa das ondas por quase dez minutos – com toda uma platéia de surfistas observando minha luta, indecisos entre rir ou me ajudar. Até que resolvi sair daquela centrífuga a qualquer custo. Aproveitei o impulso de uma onda e me arrastei engatinhando para fora d'água. Toda desgrenhada, estatelada na beira do mar, parecia um travesti altamente siliconado, de tanta areia que saía pelo biquíni. Naquelas alturas, já deveria haver umas vinte pessoas rindo abertamente do meu mico. Levantei morrendo de vergonha, com os joelhos e a barriga sangrando, mas respirei fundo, com ares de "não tô nem aí, adorei a esfoliação grátis". Fui em direção às minhas coisas resmungando frases desconexas em alemão – menos constrangedor do que meu sotaque paulistano –, enquanto fazia da canga minha burca e saía da praia, deixando um rastro de areia molhada para trás. Ainda deu tempo de ouvir uma moça comentando com a amiga:

— Tinha que ser gringa!

E lá fui eu, contemplar o pôr-do-sol do chuveiro do hotel.

Susto com a maré imprevisível

### Incontinência perolada

Para o repórter de turismo que vai a Águas de Lindóia (SP), tradicional balneário do interior paulistano, é fundamental testar as atrações da cidade. Ou seja: beber muita água terapêutica na estância hidromineral e provar alguns tipos de banhos com águas sulfurosas, ferruginosas e por aí vai. Um deles é um tal de "perolado relaxante", banho de imersão com 20 minutos de hidromassagem e direito a sais perfumados. Difícil resistir.

Depois de escolhidos meus sais preferidos, segui as orientações da fisioterapeuta e me larguei na bonita banheira de mármore, herança dos tempos em que o balneário foi erguido, em 1950, num projeto do modernista Arthur Bratke que ainda impressiona. Vinte minutos depois, estava completamente renovada e relaxada – de fato, cheguei a cochilar na água morninha. Saí do balneário e fui almoçar. Então, comecei a sentir os "efeitos colaterais" de tanto relaxamento.

Comi normalmente, pedi a conta, mas, quando me levantei, havia na cadeira um grande círculo úmido. Minha roupa também se encontrava molhada. Eu estava literalmente vazando o banho perolado. E a água não parava de escorrer, como se eu tivesse uma incontinência urinária com aroma de baunilha. Aflita, voltei ao balneário e perguntei se aquilo era normal.

— É sim, minha filha. Quando as mulheres cochilam no banho, esse vazamento é comum. Coloca um absorvente que até a noite a água toda já saiu – respondeu calmamente a atendente do lugar.

Foi o que aconteceu, ainda bem. Mas, por via das dúvidas, nunca mais repeti aquele tipo de banho.

## "Minha vida é andar por este país..."

*Por Beatriz Santomauro*

Sou viciada em fazer listinhas: de compras para o supermercado, de itens de uma mala, filmes para ver, convidados para uma festa, promessas de ano-novo ou cidades que ainda quero conhecer ou voltar a visitar. Obviamente a lista pode ser alterada na hora H, mas trata-se apenas de um primeiro passo para realizar um desejo. E sentir o gostinho de um plano que está começando a ser concretizado.

E foi assim que criei uma lista, que virou um roteiro e que quase se tornou um projeto de férias, mas que me faz sonhar mesmo sendo apenas uma relação de lugares que eu visitaria quantas vezes pudesse. Não me preocupei com tempo, logística ou dinheiro. O que entrou em jogo foi só minha vontade. Simples assim: um caminho com cara de Bia.

Ponto de partida: São Paulo. De malas prontas e óculos escuros, sorriso e disposição, câmera fotográfica a postos, pegaria a rodovia Rio-Santos para parar em muitas das praias de São Sebastião – Barra do Saí e Juréia são obrigatórias – e Ubatuba, caminhando em Puruba, Brava da Almada e Praia da Fazenda.

Subindo pelo litoral, com direito a uma visita ao Rio de Janeiro para ver o contorno das montanhas da capital e a Itaúnas, no Espírito Santo, para admirar um pôr-do-sol nas dunas, chegaria ao Nordeste. Faria, então, o passeio de barco até a foz do rio São Francisco, entre Alagoas e Sergipe, disposta a ver as águas barrentas encontrarem as ondas bravas do mar e sentir a brisa levando as dunas. Depois de tomar um maltado (bebida gelada que leva leite e malte) em Recife e perambular um pouco pela cidade, pegaria um avião até Fernando de Noronha e lá ficaria pelo menos uns dez dias mergulhando e gravando na memória a imagem das praias que mais trazem suspiros. Em Belém, depois de me deliciar com os sorvetes de tapioca e castanha-do-pará, embarcaria na viagem de navio até Manaus a fim de experimentar um misto de cansaço, aventura e vontade de rever sempre aquele maravilhoso Rio Solimões, cercado pela exuberante floresta amazônica.

De lá, iria conferir de perto as dunas e os quilômetros de vazio demográfico do Jalapão, sob o Sol do Tocantins. E, na seqüência, ficaria um mês desbravando cada palmo da Chapada Diamantina (BA) – e jogando conversa fora com os baianos. Em seguida, voltaria ao Sul com direito a paradas nas cidades históricas mineiras para me esbaldar com pães de queijo. Em Foz do Iguaçu, no Paraná, faria como os turistas: esperaria um arco-íris sair das cataratas, por conta do vapor d'água, para tirar minha melhor foto. Seguiria até o interior do Rio Grande do Sul e visitaria novamente as ruínas das missões jesuíticas em São Miguel.

E voltaria para casa feliz da vida, fazendo dos versos do Gonzagão a trilha sonora oficial da minha jornada: "Minha vida é andar por este país pra ver se um dia descanso feliz, guardando recordações das terras por que passei..."

Viajantes em busca de seu caminho

# Samba de uma noite só

*Por Cristina Capuano*

Não encontrei o meu pedaço na avenida, mas no Bip-Bip, o ponto de encontro dominical do bom sambista carioca. Ele tocava bandolim. E eu tentava ensinar os primeiros passos para a amiga que equilibrava sem muita firmeza o não-sei-qual copo de cerveja. Ela não aprendia nada, e olha que eu sambo até mais ou menos, depois do décimo copo.

O fato é que não estava nada bem, o meu pedaço. Nem eu. Estávamos ambos, eu e ele, bem mamados, bem chumbados, atravessados como o samba de Ary Barroso. Mas ele olhava para mim. E eu olhava para ele, fingindo que não olhava. E então o intervalo, e ele cambaleando com o bandolim na mão. Eu ri. E ele parou na mesa ao lado, assim como quem vai conversar com os amigos, que não davam muita bola porque perceberam a simulação. E ele riu. E o sorriso lindo, depois.

Ele era uma graça, as meninas diziam, enquanto o bandolinista, engraçado, deixava a mesa ao lado para assumir a percussão na caixa de fósforos. E eu fiquei pensando nisso, enquanto soava o hino de Paulo Cesar Pinheiro. "Talvez essa paixão me leve", cantei. E não é que levou mesmo?

Ele morava longe, em Jacaré. Eu estava na Zona Sul. Mas naquela noite que restava, não existia Jacarepaguá nem Copacabana. Acabamos no Cervantes, entre sanduíches de filé com queijo e de pernil. Cambaleávamos, eu e ele, ele enaltecendo as qualidades do filé com queijo, e eu rindo da graça dele. E tudo que era tão brincadeira mudou o tom. E os breves momentos de silêncio. Concordávamos em tantas coisas, naquela noite que restava. Discordávamos de algumas tantas também. Ele era mesmo uma graça, pensei.

Naquela mesa do Cervantes, eu bebia, com a boca seca, pedacinhos da sua vida, e ele, na mesma urgência, sorvia pedacinhos da minha com dedicada atenção. E os garçons, que nos olhavam em tom de despedida. E a caminhada pelo calçadão, inebriados que estávamos por nós dois. Era a possibilidade de Caio*, era a embriaguez de andarem juntos de Clarice**. Ele estudava hesitante, como um músico, a melodia ainda indecifrável. E os olhos que se cruzavam, os meus aos seus. E o amanhecer. O beijo, de despedida. E o disco que ainda ouço. E como é bom. É um disco de chorinho, leve e também triste como um samba de verdade.

\* *Pequenas Epifanias*, de Caio Fernando Abreu.
\*\* *Por não estarem distraídos*, de Clarice Lispector.

Uma noite inesquecível na Cidade Maravilhosa

# Show de calouros

*Por Karina Greco*

Meu sonho sempre foi ser cantora. Minha mãe conta que, quando criança, eu subia na mesa de centro da sala de meus avós, pegava o socador de limão para fazer caipirinha e mandava ver. Eram só as canções mais românticas do Roberto Carlos! Em casa, usava uma caneta que tinha o corpo preto e a ponta de trás metálica, brilhante. Na minha imaginação infantil, tornava-se o microfone perfeito. Lembro que uma noite, depois de um passeio de família, logo que cheguei em casa pedi para minha mãe colocar o disco (ainda era disco!) do Trio da Alegria pois eu queria cantar junto. Que show! Me sentia uma perfeita artista.

Durante um bom tempo, porém, a cantora que vive em mim se manteve em hibernação, despertando vez ou outra para uma canjinha na hora do banho. Foi graças às viagens pelo Brasil afora, sozinha na estrada, que pude soltar a voz novamente – dentro do carro, é claro. Minha vida mudou! "Touring, touring, it's never boring / Touring, touring, it's never boring", eu cantava com os Ramones a plenos pulmões.

Ninguém poderia se irritar com meus desafinos. E quem viaja bastante precisa de um método para manter a jornada suportável e não dormir ao volante, ou para espantar o tédio, ou simplesmente para afugentar o calor. Fiz shows inesquecíveis durante minhas andanças, sem perder a atenção na estrada ou nos sinais de trânsito.

Uma coisa que me deixava pê da vida era quando o carro alugado não tinha rádio ou quando freqüência alguma dava um mínimo sinal que fosse. Mas aí eu apelava à inspiração e aproveitava para fazer minha própria programação musical. Às vezes, ficava brava comigo mesma por não lembrar a letra ou o começo de uma música. "Lá, lá, lá" nunca foi meu estilo. As estrofes tinham de ser certinhas. Chegava a gargalhar comigo mesma quando errava uma letra – como se eu fosse jurada de meu próprio show de calouros, fazendo caras e bocas pelas estradas da vida.

Micos à parte, era uma boa maneira de aproveitar o caminho, de relaxar um pouco e de matar a saudade de quem estava longe. Se cantasse uma música do Legião Urbana, que sempre adorei, eu lembrava do meu amor. Costumamos cantar juntos

A caloura que queria ser vocalista dos Ramones

quando estamos no carro, dirigindo. Mas existiam outras pérolas, como jingles de propagandas conhecidas ou músicas infantis que apareciam na cabeça (como aquelas do inesquecível show inspirado no Trem da Alegria). Tudo virava piada – eu ganhava o Grammy latino, ou então, devia pegar meu banquinho e sair de mansinho.

No últimos dias, sozinha e cansada, tendo percorrido centenas de quilômetros, com chuva ou Sol, em estradas de asfalto ou de terra, meu repertório já era um pouco menos alegre. Para essas horas, eu sempre lembrava canções de viagem, que remetiam à minha tristeza de estar tão longe de casa, como *Metal contra as nuvens*, do Legião Urbana. "Viajamos sete léguas / por entre abismos e florestas. / Por Deus, nunca me vi tão só. / É a própria fé o que destrói, / esses são dias desleais."

Depois de cerca de um mês de estrada, quase rouca e com o repertório gasto, o que me interessava mesmo era voltar para casa. A cantora retornaria dali a algumas semanas para alegrar a próxima viagem. Mas, é claro, os melhores momentos seriam reprisados com toda a discrição possível no avião, em voz bem baixinha, só para não perder o hábito.

## "Você não sabe o quanto eu caminhei...."

*Por Sonia Xavier*

Sou do tempo em que um motorista e o rádio de seu carro tinham a mesma relação que um cachorro tem para com seu dono, ou seja, de companheirismo e fidelidade. Companhia que durava o alcance das antenas, obviamente, mas suficiente para me levar a viajar também através das ondas sonoras. Em minhas andanças pelo Brasil, foi ouvindo rádio que conheci os hábitos musicais de cada região. Não esqueço de quão precisa era a descrição do Pantanal feita por Helena Meirelles, como o forró me alegrava do sertão até o litoral cearense e até mesmo o axé que me dizia: "Ah! Que bom, você chegou. Bem-vinda a Salvador, o coração do Brasil".

Eu navegava pelas estações sedenta por companhia. O rádio era, invariavelmente, meu primeiro guia. Lembro-me de uma vez em que acompanhei a notícia da "morte" de Luís Inácio Lula da Silva, num dos anos de seu primeiro mandato. Estava no sertão cearense e ia em direção à Sobral. O locutor interrompeu a música, e entrou a vinheta de "plantão especial":

— Senhoras e senhores, é com pesar que anuncio a morte do presidente Lula.

Reduzi a velocidade e aumentei o volume do rádio, estava incrédula. "Não era possível", pensei. Na minha cabeça, o país não resistiria a tamanho golpe. Perder um presidente recém-eleito, depois de tanta comoção. Peguei o celular a fim de ligar para minha casa em São Paulo, mas não havia sinal. Dirigia sozinha numa estrada reta e monótona, esburacada e triste. O sinal foi sumindo. Parei o carro para saber mais detalhes sobre o acidente que matara o presidente, e me aproximei das caixas de som para, assim, ouvir melhor a notícia. Então, o locutor voltou e disse que tinha mais detalhes sobre a tragédia que vitimara Lula. Em minha cabeça, a única hipótese cabível era atentado político. De repente, levei um baita susto com um forró estridente que começou a tocar. Eu não estava entendendo nada até ouvir outro anúncio:

— Primeiro de abril! – disse o locutor às gargalhadas.

Senti tanta raiva que desliguei o rádio. Quilômetros depois, liguei de novo, lembrando que faltava pouco para eu voltar para casa e que o melhor mesmo era rir da mentirinha de primeiro de abril. E, durante o restante da jornada, o rádio se tornou uma grande diversão na estrada.

Já ri e já chorei graças às ondas sonoras. No sertão pernambucano, ouvi a hilária música cujo refrão tinha o evidente duplo sentido: "Quem entra no meu carro é comida, por isso o nome dela é marmita..." Com uma música dessa o que mais eu precisava saber do destino? Em outro canto do Brasil, certo dia ouvi, comovida, a mensagem enviada por uma mãe a um filho distante. Ela contava que o marido havia morrido, chegou a falar até o local do enterro. Fiquei triste ao pensar como seria difícil receber uma notícia dessas assim, de supetão, pelo rádio. Entre Miranda e Aquidauana, no Mato Grosso do Sul, ouvi uma curiosa promoção de uma farmácia que dava de brinde aos clientes que faziam compras acima de 20 reais um frango do açougue ao lado. Sem dúvida, navegar pelas ondas do rádio enquanto viajo pelo país é uma experiência antropológica e tanto! "Você não sabe o quanto caminhei..."

Rádio, um companheiro nas horas de solidão

Karina Greco

LEI DE
INCENTIVO
À CULTURA

MINISTÉRIO
DA CULTURA

Este livro foi impresso em São Paulo, em fevereiro de 2008, pela Prol Gráfica, para a Geração Editorial.
A fonte usada no miolo é Garamond. O papel do miolo é couchê 115g/m² e o da capa é couchê 150g/m².